Ch

まかない帖

シェフ ロピア 小林諭史

大和書房

はじめに

料理に答えはない。

修業時代に親方から何度も聞かされた言葉です。僕は、この言葉の真意は「答えはないから何でもいい」という意味ではないと考えています。料理に答えはないけど、基本はある。基本をしっかりマスターしたうえでの「自由」なのだと捉えています。

このレシピ本では、まかないを通して料理の基本をたくさん載せました。料理人にとって、まかないというものは単に「お腹を満たす」というものではなく、食材の利用方法や保存方法、そして、どう調理したらさらにおいしくなるのかを試せる場でもあります。

料理人になると、まずは洗い場に入り、その後、野菜の下処理などを任されます。基本的なことができてきたら、まかないを担当するという流れが一般的です。本書は、そんな新人の料理人さんにも、また、料理が好きでおいしいものに目がないという方にもよろこんでいただける一冊になりました。

章と章の間にコラムが掲載されていますが、まずはぜひコラムに目を通していただきたいと思います。そこには、食材の保存方法や扱う道具など、料理を楽しむうえで欠かせない内容を盛り込みました。基本的な知識に目を通してから各レシピをご覧いただくと、レシピの内容も読みやすくなると思います。あとは、気になる料理をどんどん作ってみてください。そして、自分ならもっと濃い味がいいとか、もっと甘味が欲しいなど、いろいろ試しながらレシピ本にメモ書きをしていってください。

自分好みの味に調整をしていくことで、文字どおり「世界にひとつの、自分だけのレシピ帖」が完成していくことでしょう。

料理は不思議なもので、「完成した」と思ったレシピであっても、時が経つと改良できるポイントが見つかります。自分好みの料理を完成させるために、楽しみながらおいしさを追求できる、一生飽きない趣味であり、仕事だと思います。これが「料理に答えはない」という本当の意味合いなのだと僕は信じています。どうぞ皆さんも、このレシピ本を元に、料理の世界をお楽しみください。

Chef Ropia 小林諭史

Chef Ropiaのまかない帖

目次

Chapter 3
ひと皿で満足の丼&ワンプレート

Chapter 4
ありもので絶品スパゲティ

もう一品欲しいときの逸品

Chapter 5

余裕があれば
デザートで
至福の時間を

付録

本書では ——

- できあがり分量、所要時間、調理時間はおおよその目安です。
- 火加減の表記がない場合は、中火を基本としています。
- 食材は皮むき、下処理を前提としています。
- 分量の「ひとつまみ」は、親指、人差し指、中指の3本の指でつまんだ量です。
- 分量はグラムで表記しています。材料はスケールではかって調理をしてください。

Chapter 1
まかないテッパン料理

冷蔵庫にあるもので、カレーやチャーハン、そばめし、お好み焼きなど、チャチャッと作れる定番メニューを集めました。材料は少ないのに極上の味。ちょっとしたコツをつかめば、まるでお店で食べるような仕上がりに。僕たちの店「リストランテ フローリア」でもよく登場する料理ばかり。

POINT

❶より香りよく仕上げたいなら、先にスパイスを乾煎りしておく。
❷時短のために、鶏もも肉をソテーせずに鍋に加えてもOK。
❸ごろっと切った野菜などを加えて煮込んでもおいしい。

ほんの少しのスパイスで簡単本格カレー。
野菜と鶏肉のうま味が
奥行きをプラスしてくれます。

2 3
4 5

60分

黄金比率のスパイスカレーライス

作り方

1 (0分) 玉ねぎ、にんじん、にんにく、しょうがはみじん切りにする。

2 (8分) 鍋にオリーブオイル30gを熱し、玉ねぎ、にんじんを飴色になるまでじっくりとソテーする。

3 (13分) にんにく、しょうがを加え、香りが立ってきたらAのスパイスを加えて炒め合わせる。

4 (15分) フライパンにオリーブオイル20gを熱し、鶏肉を皮目からしっかりとソテーしたら、ひと口大にカットして3の鍋に加える。

5 (25分) 水を加えて強火でひと煮立ちさせたら、弱火で30〜40分煮込む。器にごはんを盛り、4のカレーをかけたら完成。

材料（2人分）

ごはん…400g
鶏もも肉…1枚
玉ねぎ…1個
にんじん…1／2本
にんにく…1片
しょうが…にんにくと同量
A
クミン…ひとつまみ
コリアンダー…ひとつまみ
ターメリック…ひとつまみ
ナツメグ…ひとつまみ
カイエンペッパー…ひとつまみ
塩…適量
水…300g
オリーブオイル…50g

POINT

❶できれば、切った長ねぎをひと晩冷蔵庫に入れ、しっかりと水気を切るとより本格的な仕上がりに。
❷フライパンは、5の工程までは火から離さない（振らない）こと。
❸基本の作り方をマスターしたら、お好みの食材を加えてアレンジを！

ただのチャーハンと侮るなかれ。
長ねぎだけでこんなにおいしい。
ミシュラン一つ星『銀座 やまの辺』の山野辺シェフ直伝。

20分

ミシュラン一つ星の絶品チャーハン

材料（1人分）

ごはん…250g
長ねぎ…1／4本
卵…3個
A
- 中華スープ…20g
- しょうゆ…10g
- 酒…5g

塩・こしょう…各適量
オリーブオイル…30g
イタリアンパセリ…適宜

作り方

1 (0分) 長ねぎはみじん切りにし、キッチンペーパーで水気を切る（絶対に叩かない）。

2 (5分) ボウルに卵を溶きほぐし、オリーブオイル15gを熱したフライパンで卵半量を数秒ソテーし、卵液に戻す。

3 (10分) フライパンにオリーブオイル15gを弱火で熱し、長ねぎをソテーしながら香りを引き出す。

4 (13分) 2の卵とごはんを混ぜ合わせてから3のフライパンに加え、火から離さずに木ベラなどで混ぜながら強火で炒める。

5 (17分) ごはんがパラリとしてきたら、混ぜ合わせたAを加えてさらに強火で炒め合わせ、塩、こしょうで味を調える。

6 (19分) 器に5を盛り、お好みでイタリアンパセリを添えたら完成。

1 2
4 5

冷蔵庫をのぞいてみたら、野菜がたくさん余っている――。そんなときは、細かく刻んで炊き込みごはんに。鍋で炊くのも実は簡単で、おいしく仕上がります。

48分
下準備の時間を除く

余り野菜で炊き込みごはん

作り方

0 下準備
米を研ぎ、30分浸水させておく。

1 0分
野菜を食べやすい大きさに切る。

2 5分
鍋に水気を切った米、野菜、だし汁、しょうゆ、みりんを入れ、ふたをせずに強火にかける。

3 20分
ひと煮立ちさせたら極弱火にしてふたをし、蒸気が細く出る程度の火加減を保ちながら13分炊く。

4 35分
強火にし、パチパチと音が聞こえるのを確認したら火を止める。10分蒸らしたら完成。

材料(4人分)

米…3合
余り野菜…100g
(本書では玉ねぎ、にんじん、ブロッコリーの芯、きのこ類を使用)
だし汁…450g
しょうゆ…70g
みりん…70g

POINT

❶より本格的に作りたいときは、昆布やかつお節からだしを取ること。
❷工程**4**で、パチパチ音が聞こえない場合は、水分が残っているということなのでもう少し炊く。
❸余り野菜に、きのこ類などの香りとうま味の強い食材をひとつ加えると美味。

POINT

❶サーモンを砂糖と塩でマリネすることで、よりうま味が強くなる。
❷バジルの代わりに大葉を使っても、和テイストが強くなっておいしい仕上がりに。
❸もっと簡単に、たれの代わりに、わさびじょうゆを上からかけるだけでも◎。

イタリア料理店のまかないなのに和風！
和食でも、どこかイタリアンを感じるところが特徴。
サーモンは砂糖＋塩でマリネしてあるので、
うま味あふれる濃厚な仕上がりに。

サーモンのなめろう丼

下準備の時間を除く

材料（2人分）

ごはん…400g
サーモン（刺身用）…160g
長ねぎ…40g
バジルの葉…6枚
A
- にんにく…1片
- 赤唐辛子…1本
- しょうゆ…30g
- バルサミコ酢…10g
- オリーブオイル…40g

みそ…15g
わさび…7g
砂糖…適量
塩…適量

作り方

0（下準備）サーモンに砂糖と塩を振り、30分置いてマリネする。

1（0分）Aでたれを作る。フライパンにオリーブオイル、細切りにしたにんにく、赤唐辛子を入れて弱火にかけ、じっくりと香りを立たせる。

2（5分）1にしょうゆとバルサミコ酢を加えて弱火で煮詰め、ひと煮立ちさせてややとろみをつける。

3（8分）水でサッと洗って水気を切ったサーモン、長ねぎ、バジルの葉、みそ、わさびを合わせて包丁で叩く。

4（11分）茶碗にごはんを盛り、3をのせる。2のたれをお好みの量かけたら完成。

POINT
❶豚肉の代わりに鶏肉や牛肉などでもおいしい。
❷折れたスパゲティの再利用レシピですが、中華麺を使ってもOK!

折れてしまったスパゲティも無駄にしない。
取っておいて、ごはんや余り野菜と一緒に
主役の逸品に仕上げます。

2 3
4 5

20分

折れたスパゲティでそばめし

材料(2人分)

折れたスパゲティ…100g
ごはん…300g
豚肩ロース薄切り肉…160g
余り野菜…適量
(本書では玉ねぎ、パプリカ、にんじんを使用)
卵…2個
A 中濃ソース…40g
　ケチャップ…40g
塩・こしょう…各適量
オリーブオイル…30g
イタリアンパセリ…適宜

作り方

1 (0分) 折れたスパゲティは袋の表示どおりにゆでる。豚肉と野菜はひと口大に切る。

2 (5分) フライパンにオリーブオイルを熱して豚肉をソテーし、火が通ったら取り出す。

3 (8分) 2のフライパンで野菜をソテーし、しんなりしたら取り出す。

4 (11分) 3のフライパンに溶いた卵を入れて熱し、すぐにごはんを加えて手早く炒め合わせる。

5 (14分) 合わせたA、ゆで上がって細かく刻んだスパゲティ、2、3を加え、全体をソテーしながら炒め合わせる。

6 (18分) 塩、こしょうで味を調え、器に盛る。お好みでみじん切りにしたイタリアンパセリを散らす。

POINT

❶ソテーすることでうま味が出てくるパンチェッタ、玉ねぎ、きのこ類を使用。
❷ケチャップを加えた際、強火でソテーすることで酸味が飛び、甘味が引き出される。
❸オムレツはちょっとしたコツがいるので動画を参考にしてトライを！

ササッと作れて、料理の練習にもなるので、
僕たちの店、フローリアでよく出る
定番中の定番のまかない料理です。

1 3
4 5

20分

伝統のオムポリタン

材料（1人分）

スパゲティ…100g
パンチェッタ…30g
玉ねぎ…1／4個
きのこ類（お好みで）…40g
（本書ではえのき、しめじを使用）
卵…3個
シュレッドチーズ…30g
ケチャップ…50g
オリーブオイル…40g

作り方

1 0分
鍋に塩分濃度1～1.5%の湯を沸かし、スパゲティを袋の表示どおりにゆでる。パンチェッタは食べやすいサイズの短冊切りに、玉ねぎは薄切りにする。

2 4分
フライパンにオリーブオイル20gを中火で熱し、パンチェッタをじっくりとソテーする。うま味が出てきたら、玉ねぎを加えてさらにソテーする。

3 8分
玉ねぎが透き通ってきたら、ほぐしたきのこ類を加えてサッと火を通し、ケチャップを加えて酸味を飛ばす。

4 11分
ゆで上がったスパゲティとシュレッドチーズを加え、混ぜ合わせたら器に盛る。

5 13分
フライパンにオリーブオイル20gを熱し、溶いた卵を流し入れてオムレツを作る（動画参照）。4にのせたら完成。オムレツは半熟に仕上げるとトロトロに。

動画でチェック

POINT

❶トマトソースの代わりにセミドライトマトのオイル漬け(P.44参照)を使っても食感が出て美味。
❷薄力粉をつけるときは、余分な粉を落とさないと衣がはがれやすくなるので要注意。
❸食パンで挟まず、ごはんのおかずにしても。食べ応えじゅうぶん!

元スタッフのキャップが考えた、豚の薄切り肉を重ねたミルフィーユカツ。今ではフローリアの定番まかない料理です。

20分

ミルフィーユカツサンド

材料（1人分）

食パン…2枚
豚ロース薄切り肉…6枚
葉野菜（レタスなど）…適量
バジルの葉…1枚
卵…1個
シュレッドチーズ…適量
粉チーズ…40g
薄力粉…40g
パン粉…40g
トマトソース…10g
揚げ油…適量

作り方

1 （0分）豚肉を3枚重ね、トマトソースを塗り、シュレッドチーズ、ちぎったバジルの葉をのせ、その上から残りの豚肉を3枚重ねる。

2 （5分）薄力粉、溶き卵、粉チーズを合わせたパン粉の順に、1に衣をつける。

3 （10分）170℃の油で2をきつね色になるまで揚げる。

4 （15分）トースターでこんがり焼いた食パンで、3のミルフィーユカツと葉野菜を挟む。半分にカットし、器に盛ったら完成。

1|2
3|4

POINT

❶牛ロース肉は、しっかり叩いてやわらかく仕上げる。
❷工程**4**で、牛肉が温かいうちにチェダーチーズをのせて余熱で溶かす。
❸バンズは手作りにしても。作り方は動画を参照。

ウイスキーの高貴な香りをまとう、
特別な日に作るまかない料理。ひと口食べたら、
やみつきになること間違いなし。

45分

ウイスキーチーズバーガー

材料（1人分）

バンズ（市販）…1個
牛ロース肉…200g
レタス…1枚
にんにく…1片
チェダーチーズ…1枚
ウイスキー…大さじ2
塩・こしょう…各適量
オリーブオイル…適量

作り方

1（0分） 牛肉に塩、こしょうを振り、包丁の背で両面をまんべんなく叩いて食感をやわらかくする。

2（5分） ウイスキーを振り、薄切りにしたにんにくをのせ、30分～1時間冷蔵庫で休ませる。

3（35分） フライパンにオリーブオイルを熱し、2の牛肉を表裏1分ずつ焼く。

4（38分） バンズをトースターで軽く焼き、3の牛肉、チェダーチーズ、レタスを挟んだら完成。

手作りバンズは動画でチェック

POINT

❶焼いている最中は押しつけたりせず、ゆっくり焼き上げる。
❷納豆のたれも一緒に加え、うま味アップ。
❸マヨネーズをラップに包み、その表面に楊枝で数カ所穴をあけて絞ると、マヨネーズが細く出てまんべんなくかけやすい。

余った食材を全部入れ、大きめに作って仲よく取り分けても。
フローリア風は「納豆」を入れてコクと風味をアップ。
シェフの実家の味でもあります。

25分

フローリア風 お好み焼き

材料(1人分)

豚薄切り肉…100g
キャベツ…1／4玉
納豆…1／2パック
卵…1個
牛乳…30g
薄力粉…100g
しょうゆ…5g
酒…15g
顆粒和風だしの素…5g
水…50g
オリーブオイル…適量
A 中濃ソース…適量
A マヨネーズ…適量
A かつお節…適宜

作り方

豚肉はひと口大に切る。キャベツは千切りにし、卵は溶きほぐす。

ボウルに薄力粉を入れ、水を少量ずつ加えながらダマにならないように混ぜ合わせたら、オリーブオイルとA以外のすべての材料を加えてよく混ぜ合わせる。

フライパンにオリーブオイルを熱して2の生地を流し入れ、ふたをして弱火でじっくりと焼く。縁に火が通り、裏面に焼き色がついたら、ひっくり返して中まで火を通す。

器に3を盛り、Aの中濃ソース、マヨネーズをかけ、お好みでかつお節をトッピングしたら完成。

Column. 1 ／ 包丁のこと

料理をするうえで欠かせない包丁は、使っていると切れ味が落ちていくもの。切れない包丁を使っていると、刃を当ててもすべって食材が逃げてしまうなど、思ったような動きをせず、ケガの原因にもなります。ここではおすすめの包丁と、研ぎ方をご紹介します。

この2本があれば間違いなし

牛刀とペティナイフの2本をそろえて

何本か包丁を持っていますが、僕が主に使っているのは、刃渡り24cmの牛刀と15cmのペティナイフ。牛刀は、もともとは肉の塊を切るものでしたが、現在では、肉、魚、野菜など何でも切る万能包丁に。ペティナイフは小回りがきく扱いやすい包丁で、非常に使用頻度が高いです。野菜の皮をむいたり、ヘタを取ったり、これ1本で事足りる場合も。
まな板の大きさに合わせて刃の長さを選ぶのがポイントですが、握り方やフォルムなどは個々のお好みなので、愛着が持てるものを選んでください。

メンテナンスに欠かせない砥石（といし）

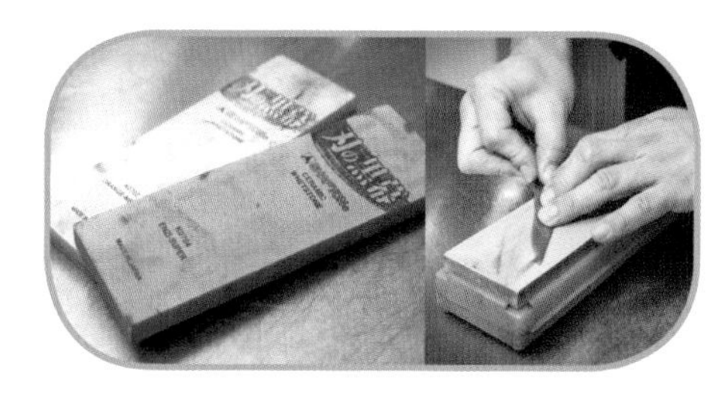

シャプトンの「刃の黒幕」

日々のメンテナンスで欠かせない中砥石1000番と仕上げ砥石5000番をよく使っています。仕上げで粒度（りゅうど）の高いものを使うことによって、切れ味が鋭くなり、さらに刃も長持ちします。材質がセラミックで硬いので、減りが遅く、研ぎ時間は早く、おすすめの砥石。研ぎ方はYouTubeの動画でチェックを。

ツヴィリングの「V- エッジ」

簡易型のシャープナーなのですが、V字に配置された砥石の間に包丁の刃をすべらせるだけで、鋭い切れ味に。まったく難しいことはなく、砥石に抵抗感のある人でも簡単に研げる便利アイテム。キッチンに置いておけば、気が向いたときに研げる優れものです。

Chapter 2
今日はガツンと肉&魚料理

がっつり食べたい日は、肉や魚がメインの食べ応えのあるメニューを作りましょう。食材のうま味を最大限に引き出すポイントも伝授。シンプルながらも味つけにはこだわっています。食材や調味料の加減を変えれば応用できるものばかり。自分なりの味を見つけてみてください。

POINT
❶牛肉を常温に戻しておくことで、牛肉の中まで火が入りやすくなる。
❷牛肉の中に火を入れるのは余熱で。
❸焼いたらしっかり休ませ、肉汁を落ち着かせてから切ること。

肉の焼き方を勉強するために、
まかないでビーフステーキの日があります。
ガーリックソースは、いろいろな料理に
使えるのでおすすめ。

50分
下準備の時間を除く

ビステッカ ガーリックソース添え

作り方

0 下準備
牛肉を室温に戻しておく(冷蔵庫から出して15～20分)。

1 0分
ガーリックソースを作る。にんにくを株(皮つき)のままアルミホイルに包み、180℃のオーブンで30分ローストする(魚焼きグリルなどでもOK)。

2 30分
にんにくが指でつぶせる程度までやわらかくなったら、包丁で叩いてペースト状にする。

3 38分
2に生クリームを少量加え、マッシュポテト程度にもったりするまでのばし、塩少々で味を調える。

4 43分
フライパンにオリーブオイルを少し強めの中火で熱し、牛肉を表裏1分ずつ焼く。焼き色がついたら右記を参考に火を通し、器に盛る。塩、こしょうを振り、3のガーリックソースを添えたら完成。

材料(1人分)

牛ステーキ肉
(お好みの部位を)…200g
にんにく…1株
生クリーム…適量
塩・黒こしょう…各適量
オリーブオイル…10g

ビステッカの焼き加減の目安

レア	焼いたらフライパンから取り出し、余熱で2分置く。
ミディアム	焼いたらアルミホイルに包み、フライパンの上に戻して2～3分休ませる。
ウェルダン	両面を焼いたら、極弱火でさらに2～3分焼く。

ステーキ用の肉を切り出したときに出る
端肉を使って煮込み料理に。
肉の種類も部位も、お好みでOK!

50分

角切り肉の煮込み スペッツァティーノ

材料(2人分)

ブロック肉
(どんな肉でもOK)…250g
玉ねぎ…1/4個
A
- 玉ねぎ…1/4個
- にんじん…1/4本
- セロリ…1/6本
- オリーブオイル…30g

トマト缶(カット)…1/2缶
赤レンズ豆…50g
白ワイン…50g
オレガノ(乾燥)…適量
塩…適量
オリーブオイル…15g
イタリアンパセリ…適宜

作り方

1 (0分) 肉はひと口大に、玉ねぎはざく切りにする。

2 (5分) Aでソフリットを作る。玉ねぎ、にんじん、セロリをみじん切りにし、オリーブオイルを熱したフライパンでじっくりとソテーする。

3 (15分) 別のフライパンにオリーブオイルを熱し、1の肉と玉ねぎをソテーする。焼き色がついたら、トマト、赤レンズ豆、白ワインを加えて煮込む。

4 (25分) 3に2のソフリットを加えて20分煮込んだら、オレガノを振り、塩で味を調える。器に盛り、お好みでイタリアンパセリを添えたら完成。

2|3
3|4

POINT

❶長時間煮込むときは、ひたひたの水分でしっかりと煮込むと肉がやわらかくなる。
❷肉と玉ねぎの焼き目がうま味になるため、しっかりとソテーを。
❸ソフリットはじっくりとソテーし、うま味をしっかり引き出して。

POINT

❶工程**1**では、ひき肉に塩を振って粘りが出るまでしっかり混ぜ合わせることがポイント。
❷ミートボールをソテーするときは、うま味を閉じ込めるように表面をしっかりと焼く。
❸工程**4**では、パンチェッタをカリカリになるまで炒め、うま味を引き出して。

ポルペッティとはいわゆるミートボールのこと。イタリア版、煮込みハンバーグのような料理です。うま味たっぷりのボリュームある一品。

煮込みハンバーグ ポルペッティ

作り方

1 0分
Aでミートボールを作る。ひき肉に塩を振ってよく揉み込み、粘りが出るまでしっかりとこねる。

2 8分
みじん切りにした玉ねぎ、卵、パン粉、ガラムマサラ、ナツメグを加えて全体を混ぜ合わせ、直径5cmのボール状に成形する。

3 15分
フライパンにオリーブオイルを熱し、2を入れて転がしながら表面に焼き色をつける（半生でOK）。

4 20分
煮込み用の鍋にオリーブオイルを熱し、細切りにしたパンチェッタと玉ねぎ、ほぐしたしめじの順にソテーする。さらにトマト、水、ローリエ、3を加え、30分じっくりと煮込む。

5 55分
塩、こしょうで味を調えたら器に盛り、お好みでみじん切りにしたイタリアンパセリを散らす。

材料（3人分）

A
- 牛豚合いびき肉…500g
- 玉ねぎ…1／2個
- 卵…1個
- パン粉…50g
- ガラムマサラ…適量
- ナツメグ…適量
- 塩…5g（ひき肉の1%）
- オリーブオイル…適量

パンチェッタ…30g
玉ねぎ…1／2個
しめじ…1／2パック
トマト缶（カット）…1缶
ローリエ…1枚
塩・こしょう…各適量
水…150g
オリーブオイル…20g
イタリアンパセリ…適宜

POINT

❶ブロック肉を使うときは、薄く切ってさらに叩いて薄くする。
❷工程**4**で、白ワインの水分を飛ばしつつ乳化させる。
❸残ったソースはパンにつけて食べるのがおすすめ。イタリアでは「スカルペッタ」といい、パスタソースなども同様にして食べる。

「口に飛び込む！」を意味するローマの伝統的郷土料理。それほどおいしいひと皿です。セージの代わりに入手しやすいバジルの葉で作ります。

20分 牛肉と生ハムのサルティンボッカ

材料（1人分）

牛ロース薄切り肉…2枚
生ハム…2枚
バジルの葉…6枚
バター（無塩）…10g
白ワイン…70g
薄力粉…適量
塩・こしょう…各適量
オリーブオイル…20g
イタリアンパセリ…適宜

作り方

1（0分） 牛肉に塩を振り、バジルの葉2枚、生ハムの順に重ね、薄力粉を全体に薄くまぶす。

2（5分） フライパンにオリーブオイルとバターを入れて温め、ちぎったバジルの葉2枚分を加える。

3（8分） バターが半分ほど溶けたら1の生ハムを下にして入れ、両面に焼き色がつくまで中火でソテーする。

4（13分） 白ワインを加え、フライパンを揺すりながら中火で沸かして乳化させる。

5（16分） 乳化して全体がとろりとしたら器に盛り、こしょうを振る。お好みでイタリアンパセリを添えたら完成。

POINT

❶魚は酸によってどんどんかたくなってしまうので、1週間以内には食べ切って。
❷味がしっかり染み込むように、マリネ液が熱いうちに魚と合わせて。

イタリア版南蛮漬けのような料理。作っておけば1週間ほどは食べられるので、冷蔵庫に作り置きしておきたい一品。

30分

寝かせる時間を除く

イタリア風南蛮漬けカルピオーネ

材料（2人分）

鯛の切り身（お好みの白身魚で）…300g
玉ねぎ…1／2個
にんじん…1／4本
A
- レーズン…20g
- 白ワイン…200g
- 白ワインビネガー…50g
- 砂糖…20g
- 塩・こしょう…各適量
- オリーブオイル…50g

薄力粉…適量
塩…適量
揚げ油…適量
オリーブオイル…適量
イタリアンパセリ…適宜

作り方

1 （0分）鯛をひと口大に切り、塩を振って下味をつける。

2 （3分）1に薄力粉をまぶし、170℃の油でサッと揚げる。

3 （10分）玉ねぎ、にんじんを千切りにし、オリーブオイルを熱したフライパンでじっくりとソテーする。

4 （18分）Aでマリネ液を作る。鍋に白ワインと白ワインビネガーを入れて火にかけ、ひと煮立ちさせたら残りの材料を加えて合わせる。

5 （25分）4が熱いうちに2の鯛にかけ、3を加える。粗熱を取ってから冷蔵庫に入れ、ひと晩寝かせる。器に盛り、お好みでイタリアンパセリを添えたら完成。

2｜4
4｜5

POINT

❶工程**4**でトマトを加える前に、白ワインのアルコール分を飛ばしておく。
❷火の入りにくい順に加えていくことでボイルオーバーを防ぐ。
❸水分が足りなくなったらその都度、水（分量外）を少量加えて調整する。

メインディッシュにもなる豪華な魚介のスープ。
もともとは売れ残った魚介類を、
鍋に放り込んで煮込むナポリの漁師めしです。

2|3
4|5

30分

魚介のスープ ズッパディペッシェ

作り方

1 0分
タコは薄くそぎ切りに、イカは輪切りに、ゲソも食べやすい大きさに切る。エビは背わたを取って殻をはずす。にんにくはみじん切りにする。

2 10分
フライパンにオリーブオイルとにんにくを入れて中火にかけ、じっくりと香りを引き出す。

3 13分
あさり、ムール貝、カニ、エビ、白ワインを加え、ひと煮立ちさせる。

4 18分
貝が開いたら、鯛、タコ、イカ、ホタテ、トマトを加え、10分煮込む。

5 28分
塩で味を調えたら器に盛り、お好みでイタリアンパセリを添えたら完成。

材料(2人分)

鯛の切り身(お好みの白身魚で)…50g
タコ…40g
イカ(胴体やゲソ)…40g
ホタテ貝柱…2個
有頭エビ…2尾
あさり(砂抜き済み)…10個
切りカニ…2個
ムール貝…5個
にんにく…1片
トマト缶(カット)…1/2缶
白ワイン…100g
塩…適量
オリーブオイル…20g
イタリアンパセリ…適宜

POINT

❶サーモンは火が入りすぎるとパサつくので、レアに仕上げる。
❷バターは焦げやすいので、火加減に注意を!
❸レモンの代わりに白ワインを加えても上品なソースに仕上がる。

魚のソテー方法を勉強するためにまかないで登場することも。火を入れすぎず、サーモンに水分が残るようふっくらと仕上げます。

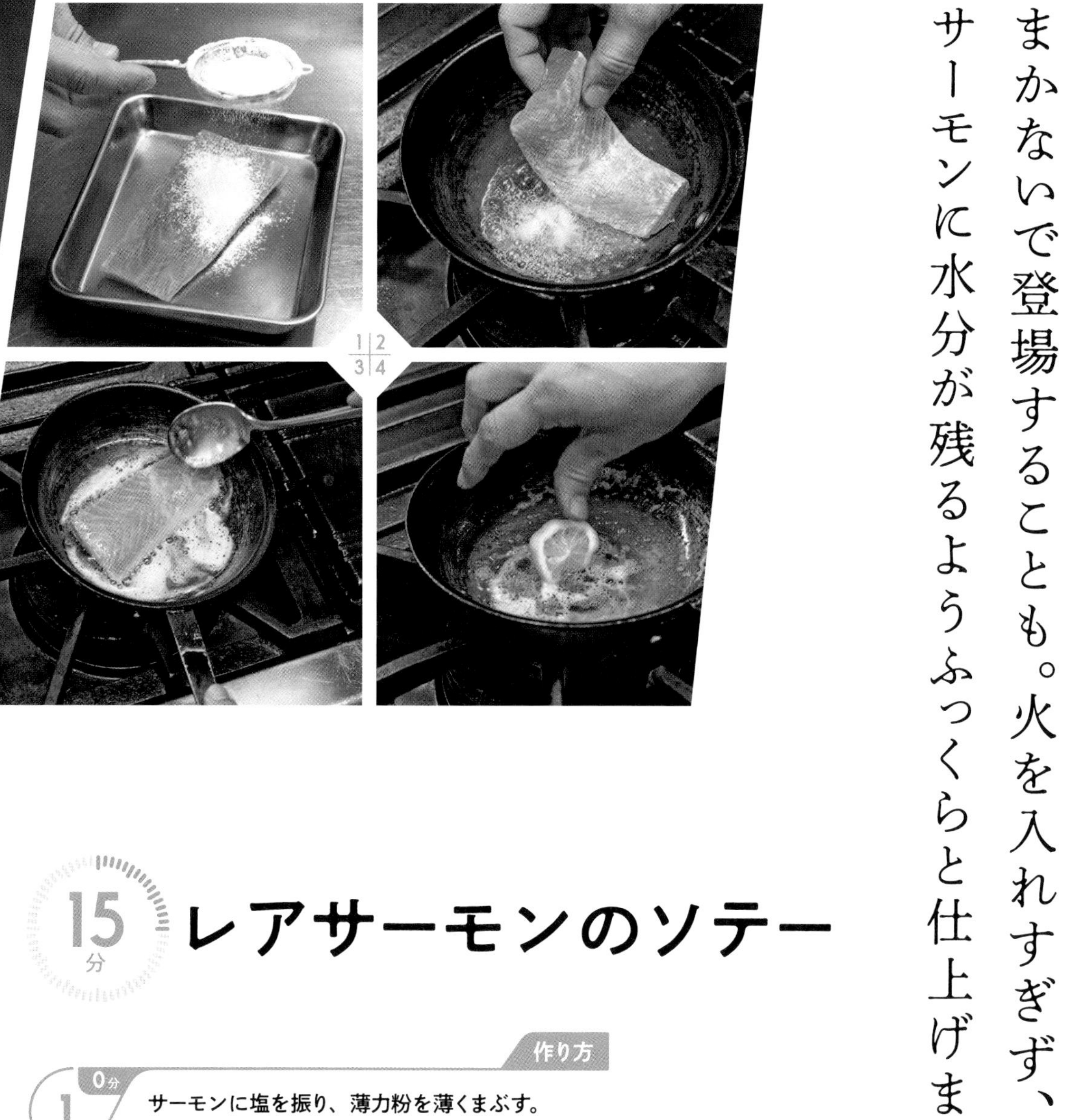

15分

レアサーモンのソテー

作り方

1 (0分) サーモンに塩を振り、薄力粉を薄くまぶす。

2 (3分) フライパンにオリーブオイルとバターを入れて弱火で温め、バターが半分ほど溶けたらサーモンを加える。

3 (5分) バターをサーモンの表面にかけながら、中火でゆっくり両面を焼く。

4 (8分) サーモンを取り出し、3のフライパンに絞ったレモン汁を加える。さらに絞ったあとのレモンも加え、フライパンを揺すりながら乳化させる。

5 (12分) サーモンを半分に切って器に盛り、4のソースをかける。お好みでみじん切りにしたイタリアンパセリを散らしたら完成。

材料（1人分）

サーモン（刺身用）…200g
レモン（国産）
…スライス1枚（5mm幅）
バター…10g
薄力粉…適量
塩…適量
オリーブオイル…20g
イタリアンパセリ…適宜

POINT

❶魚の腹や背中など、ソテーしづらい部分もしっかりと焼く。
❷セミドライトマトはぜひ手作りで。作り方は44ページを参考に。
❸常に強火で沸かすことで、ふっくらとした仕上がりに。

日本にアクアパッツァを広めた日高良実シェフ直伝のひと皿。
魚介のうま味を引き出すだけで、
余計な調味料は一切必要なし。

1|3
4|5

日本最高峰のアクアパッツァ

35分

作り方

1 0分
イサキのうろこ、内臓、えらを取り除く。臭みを取るため、中骨の血合いは特に丁寧に取り除き、お腹の中をきれいに洗う。

2 10分
1の水気をしっかり拭き取り、全体的に塩を薄く振る。片面の背に隠し包丁を1本入れる（火が入りやすく、味も染み込みやすくなる）。

3 13分
フライパンにオリーブオイル少々を熱し、イサキの全面をしっかりと焼く（香ばしさが出て煮崩れもしにくくなる）。

4 18分
イサキが半分浸る程度の水を加え、強火にかける。ひと煮立ちさせたら、あさりとセミドライトマトを加えて煮込み、あさりの殻が開いたら取り出す。イサキに煮汁をかけながら煮込む。

5 30分
水分が減ってきたらオリーブオイル40gを加え、フライパンを揺すりながら強火にかけて乳化させる。オイルがはねるようなら水を足す。仕上がり直前にあさりを戻し、お好みでみじん切りにしたイタリアンパセリを加えたら完成。

材料（2人分）

イサキ（メバルやカサゴなどお好みの白身魚で）…1匹
あさり（砂抜き済み）…10個
セミドライトマトのオイル漬け（P.44参照）…10個
塩…適量
水…適量
オリーブオイル…適量
イタリアンパセリ…適宜

Column. 2 ／ あると重宝するものたち

料理をさらに簡単に、さらにおいしくさせるものたちを紹介します。これらがなくても、もちろん料理はできますが、料理は「0.1の積み重ね」。ちょっとしたこだわりの積み重ねが、「家庭の味」を「店の味」へと変化させてくれます。

道具

おいしい料理を作るためには、「正確さ」も大切な要素のひとつ。温度や時間管理、材料の分量などを正確にするだけでもいつもよりおいしくできあがるはず。そのためにも、スケールと温度計はあると便利！　耐熱性の高いヘラや、少ない力で食材を挟めるトングなども重宝します。

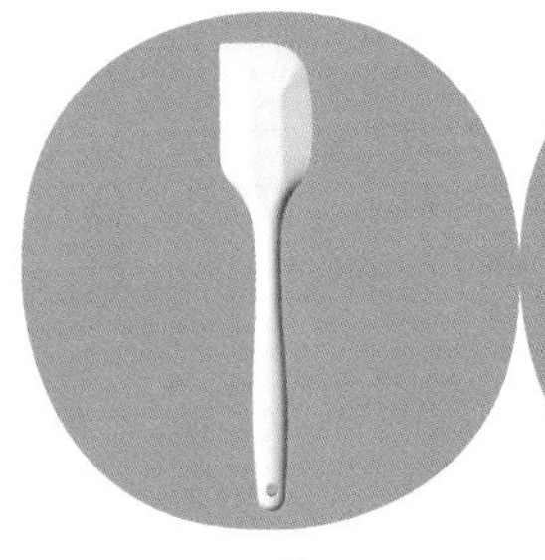

ヘラ

混ぜ合わせたり、炒めたり、盛りつけたりするときに、1本あれば便利な耐熱性の高いシリコン製ヘラ。弾力性と柔軟性のあるものだと使えるシーンが増えます。手入れのしやすい一体型のものだとなお便利。

トング

焼く、炒める、揚げる、ゆでるといった調理時のほか、盛りつけ時にも活躍するのがトング。もちろんパスタ料理にも欠かせないアイテムです。マルチで使える1本が欲しいなら、25cm程度のものを。揚げ物用に使う際は、28cm以上の長めのものがおすすめ。

スケール

できれば、必ず用意してほしいのがスケール。本書のレシピでも、材料の分量表示はほぼグラム表記にしていますが、大さじや小さじではかるよりもスケールではかったほうがより正確。0.01g単位まではかれるプロ仕様のものもありますが、そこまでじゃなくてもOK。

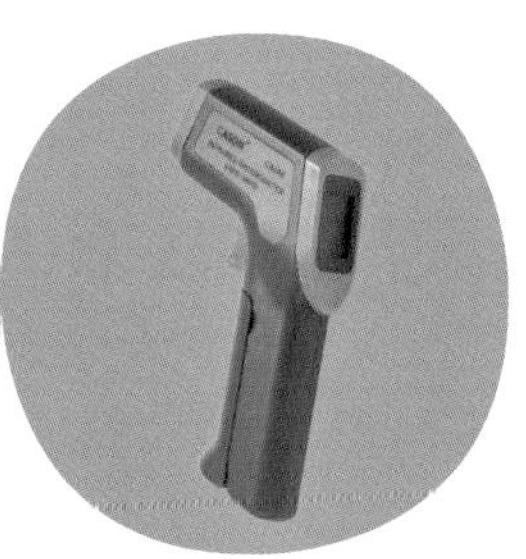

料理用温度計

揚げ油やフライパンの表面温度を瞬時にはかれる、料理用の赤外線放射温度計がひとつあると活躍します。料理は温度管理がとても大切なので、感覚ではなく、きちんとはかって調理を。

おすすめ3種類の塩

ひと口に塩といっても産地や味わいはさまざま。食材に合った塩を、合う方法で使うことで、料理の味は格段に上がります。

ヒマラヤブラックソルト

ヒマラヤの天然岩塩で、深いコクや甘味を感じる塩。うま味がとても強いので、BBQなどでお肉に振るとそれだけでおいしいです。

シチリアの食卓

イタリア・シチリア島の塩田で作られる天日塩。クセがないのでどんな料理にもなじみやすく、僕の店では通常の味つけに使っています。

地中海クリスタルフレークソルト

キプロス島の海塩に炭を加えた、真っ黒で大粒の結晶が特徴の「ブラック」。うま味も塩分も強いので肉の下味に使っています。

セミドライトマトのオイル漬け

本書で紹介しているいくつかの料理で使用している「セミドライトマトのオイル漬け」。セミドライトマトのまま使ってもいいし、オリーブオイルに漬けて保存しても。

作り方

ミニトマト（適量）を半分に切り、90°Cのオーブンで2～3時間加熱。これだけでセミドライトマトの完成。甘味がぎゅっと濃縮し、深い味わいに。そのままでも調理に使えるほか、かぶる程度のオリーブオイルに漬ければ、密閉保存容器で1カ月ほど保存可能。

Chapter 3
ひと皿で満足の丼&ワンプレート

料理は見た目もおいしさの要素のひとつ。ひと目で歓声が上がる丼やワンプレートは、見た目も量も大満足の逸品に。メインの一品を作って、冷蔵庫にある付け合わせを添えるだけで華やかな仕上がりになります。急な来客時など、おもてなしにも使えるメニューです。

POINT

❶牛ももブロック肉を200g以下にカットすることで、中までしっかりと均等に熱を入れる。
❷余熱で火を通すため、強火で熱を持たせながらしっかりと焼く。
❸スライスしたローストビーフを冷蔵庫で冷やして、おつまみにも。

ほったらかしで作るジューシーなローストビーフ。待ち時間でもう一品、前菜を作って、豪勢で贅沢な食卓に。

下準備の時間を除く

しっとりやわらか ローストビーフ丼

材料（1人分）

ごはん…180g
牛ももブロック肉…200g
A
しょうがのすりおろし…5g
しょうゆ…10g
みりん…10g
はちみつ…少々
卵黄…1個分
塩・こしょう…各適量
オリーブオイル…20g
イタリアンパセリ…適宜

作り方

0 下準備
牛肉に塩、こしょうを振り、30分以上室温に置いて常温に戻しておく。

1 0分
フライパンにオリーブオイルを強火で熱し、牛肉の全面をしっかりと焼いて焦げ目をつける。

2 5分
焼いた牛肉をアルミホイルで包み、火を止めた1のフライパンに戻し、ふたをして1時間置く（ふたがなければボウルなどをかぶせてもOK）。

3 65分
牛肉を4mm幅にスライスし、アルミホイルに残った肉汁はフライパンに戻す。

4 70分
温めたフライパンに合わせたAを入れ、ひと煮立ちさせてソースを作る。

5 75分
丼にごはんを盛り、3のローストビーフをのせ、真ん中に卵黄を落とす。お好みでイタリアンパセリを添え、4のソースをかけたら完成。

POINT

❶豚肉をしっかりソテーしてほんのり焼き目をつけることで、うま味がアップする。
❷長ねぎの代わりに玉ねぎを使ってもおいしい。
❸工程**5**で作るソースをお好みで。辛いものが好きな人は仕上げにラー油を垂らしても。

18分

長野の給食発！キムタク丼

地元、長野県内の給食センターで考案された、県民が愛するこの料理をちょっとだけアレンジ！少し甘辛な、大人の給食ごはんです。

材料（1人分）

ごはん…250g
豚バラ薄切り肉…60g
長ねぎ…10g
キムチ…50g
たくあん…20g
しょうゆ…5g
ごま油…少々
A マヨネーズ…10g
A 粒マスタード…5g
A はちみつ…5g

作り方

1 （0分）豚肉は食べやすい大きさに切り、長ねぎはみじん切りにする。たくあんは薄めの半月切りにする。

2 （5分）フライパンにごま油を中〜強火で熱し、豚肉をソテーする。

3 （8分）長ねぎを加え、しんなりしてきたらキムチ、たくあん、しょうゆを加えて全体を炒め合わせる。

4 （11分）ごはんを加えて全体を炒め合わせたら、丼に盛る。

5 （15分）Aを混ぜ合わせてソースを作り、4に添えたら完成。

2 3
3 5

POINT

❶バターを加えることで、風味のいいリッチな仕上がりに。
❷卵は半熟状態で火を止め、手早くごはんにかけてトロトロに。
❸あんかけのあんは先に作って温めておき、卵をのせたらすぐにごはんにかけて。

アイアンシェフの脇屋友詞（わきやゆうじ）氏直伝！
中華料理にバターを合わせた絶品で、
フローリアのごちそうまかない。

20分

バター風味香る天津丼

作り方

1 （0分）しいたけは薄切りに、長ねぎはみじん切りにする。

2 （3分）ボウルにしいたけ、長ねぎ、卵、塩を入れ、混ぜ合わせる。

3 （5分）Aであんかけのあんを作る。フライパンにバターを強火で熱し、半分ほど溶けたらしょうゆとオイスターソースを加える。

4 （7分）なじんだら中華スープ、酢、砂糖を加えてひと煮立ちさせる。水溶き片栗粉を少しずつ加え、よく混ぜ合わせる。

5 （12分）別のフライパンにオリーブオイルを強火で熱し、2の卵液を入れる。フライパンを揺らしながら菜箸で半熟になるまで混ぜるようにして焼く。

6 （18分）丼にごはんを盛り、5をのせて4のあんをかける。お好みでみじん切りにしたイタリアンパセリを散らしたら完成。

材料（1人分）

ごはん…200g
しいたけ…1本
長ねぎ…15g
卵…3個
A
- 中華スープ…200g
- バター…10g
- しょうゆ…5g
- オイスターソース…5g
- 酢…10g
- 砂糖…10g
- 水溶き片栗粉…適量

塩…少々
オリーブオイル…適量
イタリアンパセリ…適宜

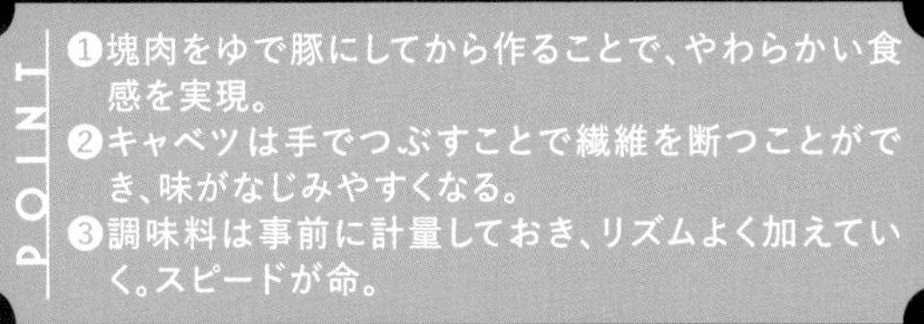

POINT

❶塊肉をゆで豚にしてから作ることで、やわらかい食感を実現。

❷キャベツは手でつぶすことで繊維を断つことができ、味がなじみやすくなる。

❸調味料は事前に計量しておき、リズムよく加えていく。スピードが命。

ゆで豚はどんな料理にも使える万能素材。
一度仕込んでおけば、数日は楽しめます。
スライス肉ではなく、ブロック肉を
使うことが最大の特徴。

下準備の時間を除く

おかわり必至 ホイコーロー丼

材料（1人分）

ごはん…200g
豚ブロック肉…500g
（ゆで豚にするのに作りやすい分量。工程1では80g使用）
キャベツ…1／6玉
パプリカ…1／4個

A
- 長ねぎ…1／6本
- にんにく…1片
- しょうが…少々

B
- 赤唐辛子…1本
- 紹興酒…30g
- 中華スープ…30g
- しょうゆ…15g
- 砂糖…15g
- 豆板醤…5g
- 甜麺醤…20g

ごま油…適量

作り方

0（下準備）
鍋に湯を沸かし、沸騰したら豚肉を入れる。再び沸いたら、小さい泡がポコポコと上がる程度の火加減で1時間ゆでる。取り出し、常温で2時間休ませる。

1（0分）
豚肉は5mm幅にスライスする。キャベツは手でつぶすようにしながらちぎり、さらに押しつぶす。パプリカは細切りにする。

2（5分）
フライパンにごま油少々を強火で熱してキャベツをソテーし、しんなりしたら取り出す。

3（10分）
Aの材料をみじん切りにし、ごま油少々を熱したフライパンで炒める。香りが立ったら、合わせたBを加えてひと煮立ちさせる。

4（15分）
3に豚肉とパプリカを加えて炒め合わせ、最後に2のキャベツも加えて合わせる。

5（20分）
丼にごはんを盛り、4のホイコーローをのせたら完成。

POINT

❶トマトの水分をしっかり飛ばすことで、甘味を引き出す。
❷卵白はフライパンにくっつきやすいため、焦げつかないように注意を。
❸豚ひき肉の代わりに鶏ひき肉を使うと、さらに高たんぱく低カロリーに。

カルボナーラを作ったときに、余ってしまう卵白を活用しようとして生まれたレシピ。たんぱく質とビタミンも摂れるダイエット丼。

20分

3色イタリアンなそぼろ丼

材料（1人分）

ごはん…200g
豚ひき肉…50g
トマト…1個
ほうれん草…1株
バジルの葉…2枚
卵白…2個分
塩・こしょう…各適量
オリーブオイル…20g

作り方

1 (0分) トマトは横半分に切ってスプーンで種を取り、1cm角に切る。ほうれん草は5cm長さに切る。

2 (5分) フライパンにオリーブオイル10gを熱し、溶いた卵白を入れる。ヘラで混ぜながら、フライパンを揺らして炒める。塩、こしょう各少々で味を調えたら、取り出す。

3 (8分) 2のフライパンにオリーブオイル10gを強火で熱し、ひき肉をソテーする。色が変わってきたら、ほうれん草も加えて炒め合わせる。塩、こしょう各少々で味を調えたら、取り出す。

4 (13分) 3のフライパンにトマトを入れて熱し、水分を飛ばすようにしてソテーする。バジルの葉をちぎりながら加え、塩、こしょう各少々で味を調える。

5 (18分) 丼にごはんを盛り、2、3、4を彩りよくのせたら完成。

揚げ物は大変なイメージがありますが、
意外と簡単にできるカツ丼！
自宅で作りたてを召し上がれ。

23
分

ふっくらカツ丼

材料（1人分）

ごはん…200g
豚ロース肉…150g
玉ねぎ…1／4個
卵…3個
薄力粉…適量
パン粉（乾燥）…適量

A
- しょうゆ…15g
- 酒…15g
- みりん…15g
- 砂糖…10g
- 顆粒和風だしの素…2g
- 水…50g

塩…適量
揚げ油…適量

作り方

1（0分）
鍋にAと厚めにスライスした玉ねぎを入れて火にかけ、2分煮込む。

2（5分）
豚肉に塩を振り、薄力粉、1個分の溶き卵、パン粉の順に衣をつける。

3（10分）
160℃の油で2を2分揚げて取り出し、油の温度を170℃に上げてさらに1分揚げる。

4（15分）
カツを4等分にカットし、1に加えて煮る。ひと煮立ちさせたら、カツのまわりに2個分の溶いた卵を流し入れる。

5（20分）
丼にごはんを盛り、4を半熟の状態でのせたら完成。

2|3
4|4

POINT

❶カツを二度揚げすることで、中はジューシーに、外はさっくりと仕上がる。
❷複数枚の肉を揚げるときは、油の温度が下がらないように1枚ずつ揚げること。
❸最後に加える溶き卵は完全に混ぜないことでトロトロの仕上がりに（白身がやや残る程度に）。

POINT

①パンチェッタと玉ねぎは、焦げる手前までしっかりと炒め、うま味と甘味を引き出して。
②パスタソースよりも汁気を飛ばし、もったりと仕上げてごはんにオン。
③粉チーズは、香りに独特なクセがある「ペコリーノ・ロマーノ」を使うと本格的な風味に。

パスタソースは、意外とごはんとの相性も◎！
パスタばかりになりがちなまかないですが、
たまには丼で気分を変えて。

20分

うま味たっぷり アマトリチャーナ丼

材料（1人分）

ごはん…200g
パンチェッタ（ベーコンでも可）…30g
玉ねぎ…40g
トマト…1個
赤唐辛子…1本
塩…適量
オリーブオイル…20g
イタリアンパセリ…適宜
粉チーズ…適宜

作り方

1 0分 パンチェッタは短冊切りに、玉ねぎは薄切りに、トマトは種を除いて角切りにする。

2 5分 フライパンにオリーブオイルを熱し、パンチェッタをカリカリになるまでソテーする。

3 9分 玉ねぎを加え、水分を飛ばしながら茶色に色づくまでじっくりとソテーする。

4 13分 トマトを加え、水分を飛ばしながらソテーする。

5 16分 赤唐辛子を加え、塩で味を調える。丼に盛ったごはんにのせたら、お好みでみじん切りにしたイタリアンパセリを散らし、粉チーズを振る。

POINT

❶Aで作るたれは、材料をすべて合わせてひと煮立ちさせるだけ。保存ビンに入れて10日間は保存可能。
❷たれを作らず、市販の焼肉のたれを使ってもOK。
❸ガーリックライスは、水分を飛ばしすぎるとパサパサになってしまうので要注意。

フローリアでは牛ブロック肉の端肉を取っておき、たまったら食べられるごちそうまかない。安く購入できる牛こま切れ肉で簡単に。

1 2
3 4

30分

食欲そそるガーリックドリア

作り方

1 0分

鍋にAを入れて火にかけ、ひと煮立ちさせてたれを作る。フライパンにオリーブオイルと薄切りにしたにんにくを入れて火にかけ、じっくりと香りを引き出す。

2 5分

牛肉を加え、塩を振ってソテーする。さらにごはんを加え、全体を炒め合わせてガーリックライスを作る。

3 10分

にんにくの香りと牛肉のうま味をごはんに移したら、Aで作ったたれを20g加え、炒めながらなじませる。

4 15分

耐熱皿に3を盛り、シュレッドチーズをのせる。卵黄を落とし、トースターで焼き色がつくまで加熱したら完成。

材料（2人分）

ごはん…400g
牛こま切れ肉…140g
にんにく…4片
卵黄…1個
シュレッドチーズ…70g

A（作りやすい分量）
- にんにくのすりおろし…少々
- しょうがのすりおろし…少々
- 白炒りごま…10g
- 赤唐辛子（輪切り）…少々
- しょうゆ…100g
- 砂糖…30g
- はちみつ…10g
- こしょう…少々

塩…適量
オリーブオイル…30g

POINT

❶鶏肉をしっかり焼くことでメイラード反応が起き、焼き目がうま味に。鶏肉は一枚肉で焼いてから切ることで、鶏肉のうま味を閉じ込めることができる。
❷きのこも水分を飛ばすようにソテーし、香りとうま味を引き出す。
❸工程**4**では、鍋肌についたソースを戻しながら食材に味を染み込ませ、じっくりと煮込んでいく。

イタリアには漁師料理もあれば猟師料理もあります。長野は山の幸が豊富。地元産の鶏肉ときのこを煮込み、ごはんと一緒にひと皿に盛りつけます。

1|2
3|3

30分

猟師風 鶏肉ときのこのトマトソース煮込み

作り方

1 (0分) フライパンにオリーブオイル20gを熱し、鶏肉を皮目からじっくりと焼き上げる。両面に焼き色がついたら、取り出してひと口大に切る。

2 (10分) フライパンにオリーブオイル20gを熱し、薄切りにした玉ねぎをソテーする。しんなりしたら、ほぐしたきのこ類を加えてさらにソテーする。

3 (15分) 2に1の鶏肉、トマト、塩、お好みでオレガノを加え、汁気が少なくなるまで煮込む。

4 (25分) 器にごはんと3を盛り、お好みでサラダを添える。黒こしょうを振ったら完成。

材料（1人分）

ごはん…200g
鶏もも肉…1枚
玉ねぎ…1／2個
きのこ類（お好みで）…70g
（本書ではえのき、しめじを使用）
トマト缶（カット）…1／2缶
塩・黒こしょう…各適量
オリーブオイル…40g
サラダ…適宜
オレガノ…適宜

POINT

❶ソテーすることで、ドレッシングはまろやかな味わいに。密閉保存容器で1週間は保存可能。
❷焼いたバゲットやサラダを添えれば、豪華なワンプレートランチに。メイン料理一品でもボリューム満点。

イタリアンドレッシングは、サラダだけではなく
加熱してソースにしてもおいしい！
作り置きしておけば万能に使えます。

30分

小エビイタリアンソテーのワンプレート

材料（1人分）

バゲット…適量
小エビ（むきエビ）…10尾
ブロッコリー…4房
ミニトマト…4個
A（作りやすい分量）
- アンチョビ…1枚
- 玉ねぎ…1／4個
- 黒オリーブ（水煮）…3個
- セミドライトマトのオイル漬け（P.44参照）…3個
- バジルの葉…2枚
- にんにく…1片
- しょうゆ…5g
- 白ワインビネガー…20g
- 塩・こしょう…各適量
- オリーブオイル…50g

オリーブオイル…適量
サラダ…適宜

作り方

1（0分）小エビは背わたを取り除き、ブロッコリーは下ゆでする。ミニトマトは半分に切る。

2（5分）Aでドレッシングを作る。アンチョビ、玉ねぎ、黒オリーブ、セミドライトマト、バジルの葉、にんにくをみじん切りにする。

3（10分）小鍋にオリーブオイルとアンチョビ、にんにくを入れて中火にかけ、香りを引き出す。

4（13分）白ワインビネガーを加えてひと煮立ちさせ、酸味の角が取れたらAのほかの材料をすべて加える。全体を混ぜ合わせ、やや汁気が残る程度まで煮詰める。

5（20分）フライパンにオリーブオイルを熱し、小エビをソテーする。色が変わってきたらブロッコリーとミニトマト、4のドレッシングを20g加えて全体を炒め合わせる。

6（25分）器に5とこんがり焼いたバゲットを盛る。お好みでサラダを添えたら完成。

POINT

❶フレッシュトマトを包丁で叩いて、ペースト状にして使ってもおいしい。
❷チーズはシュレッドではなく、できればモッツァレラを！
❸ありもののサラダや付け合わせを添えれば、見た目も豪勢なワンプレートに。

ピッツァで大人気の
マルゲリータをパンでアレンジ。
お店でも、パンが余ったときや、
時間がなくササッと食べたいときに
重宝しています。

1

2

3

12分

マルゲリータパンのワンプレート

材料（1人分）

食パン（6枚切り）…1枚
トマト缶（カット）…40g
バジルの葉…3枚
モッツァレラチーズ…40g
粉チーズ…10g
塩・こしょう…各少々
付け合わせ…適宜
サラダ…適宜

作り方

1 （0分）パンをトースターで表面がカリッとする程度に軽く焼く。

2 （3分）トマトをつぶし、塩を振ったら1のパンに塗る。

3 （6分）ちぎったモッツァレラチーズとバジルの葉、粉チーズをトッピングしたら、再びトースターで焼く。

4 （10分）焼き上がったら、食べやすいサイズに切って器に盛り、こしょうを振る。お好みで付け合わせやサラダを添える（写真はグリーンサラダ、フリッタータ、カポナータを）。

POINT

❶バゲットに卵液をしっかり吸わせて、中までしっかり火を通すことでしっとりジューシーに。
❷パンチェッタをソテーしたあとのフライパンに残ったうま味も、バゲットにまとわせることがポイント。
❸こんがりと焼き上げることで、風味豊かに。

マルゲリータパンよりも少し手間はかかるけど、染み込ませるぶん、味わいは濃厚。フレンチトーストをイメージしてじっくりと加熱を。

2|3
4|4

30分

こんがり濃厚な カルボナーラパン

材料（1人分）

バゲット…6cm
パンチェッタ…30g
A 卵黄…1個分
A 牛乳…50g
A 生クリーム…50g
粉チーズ…30g
黒こしょう…適量
オリーブオイル…20g

作り方

1 (0分) ボウルにAを入れてしっかりと混ぜ、卵液を作る。

2 (3分) バゲットを2～3cm幅に切って1のボウルに入れ、卵液をしっかりと吸わせる（お好みで2倍量の卵液を作って吸わせてもおいしい）。

3 (10分) フライパンにオリーブオイルを熱し、短冊切りにしたパンチェッタをじっくりとソテーし、取り出す。

4 (15分) 3のフライパンの余分な油をキッチンペーパーで拭き取り、バゲットの両面を極弱火でじっくりと焼く。

5 (25分) 器に4のカルボナーラパンと3のパンチェッタを盛り、粉チーズと黒こしょうを振ったら完成。

30分 クロックムッシュのワンプレート

材料(1人分)

食パン(8枚切り)…2枚
生ハム…1枚
シュレッドチーズ…50g

A
- 牛乳…180g
- バター…10g
- 薄力粉…10g
- 塩…適量

B
- 卵…2個
- 牛乳…15g
- バター…10g
- 塩…適量

イタリアンパセリ…適宜

作り方

1 (0分) Aの材料でベシャメルソースを作る。小鍋に薄力粉とバターを加えて弱火で練り込み、牛乳を少量ずつ加えてのばし、塩で味を調える。

2 (10分) パン2枚に1のベシャメルソースを適量塗り、1枚に生ハム、シュレッドチーズ25gの順にのせ、もう1枚をソースを塗った面を下にして挟む。

3 (15分) 上からベシャメルソースを適量塗り、シュレッドチーズ25gをのせてトースターでこんがりと焼く。

4 (20分) Bの材料でスクランブルエッグを作る。ボウルに卵、牛乳、塩を入れてよく混ぜ合わせ、バターを温めたフライパンに流し入れる。弱火で混ぜながら、半熟程度までじっくりと加熱する。余熱で固まるため、イメージするよりも早めに火から下ろす。

5 (28分) 器に3のクロックムッシュと4のスクランブルエッグを盛り、お好みでみじん切りにしたイタリアンパセリをスクランブルエッグの上に散らしたら完成。

1|2
3|4

POINT
❶Aの材料で作るベシャメルソースは、余ったら密閉保存容器で1週間は保存可能。
❷パンを焼くとき、焼き色がついているのに中のチーズが溶けていない場合は、アルミホイルをかぶせて加熱を。
❸スクランブルエッグは、とろりと仕上げることでお店クオリティに！

Column. 3／余った野菜の保存法

どうしても余ってしまいがちな野菜類。一日でも長く、新鮮な状態で保存したい——。そんな方に向け、フローリアでやっている食材の保存法を一部紹介します。大切なのは、酸化を遅らせるために、できるだけ空気に触れさせないこと。

密閉保存袋に入れて

きのこ類は手軽に使えるので、使用頻度が高い食材のひとつ。きのこ類を保存するときに大切なのは、汚れをできるだけキッチンペーパーなどで落とし、余分な水気も拭き取って保存することです。きのこ類は水分に弱いので、風味を保つためにも湿気はNG。密閉保存袋に入れて野菜室で保存を。石づきや軸を取ってほぐしておけば、使うときに便利です。

ラップで包んで

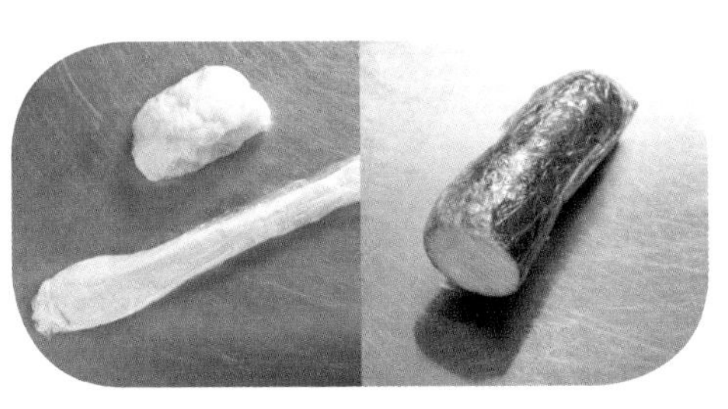

きゅうりやズッキーニなどは、切り口の断面から水分が逃げていってしまい、シナシナになりがちです。とはいえ、水分があるところから傷み始めるので、湿気には注意を。ラップで全体をきっちりとくるみ、野菜室に立てるようにして保存をしましょう。縦にのびるきゅうりやズッキーニを、育っているときと同じ環境にすることがポイント。また、カリフラワーや長ねぎなどは湿らせたキッチンペーパーで巻き、保湿してからラップを。

密閉保存容器に入れて

イタリアンでは使用頻度が高いバジル。お店ではよく使うので、常に野菜室に常備しています。保管時は、洗うと黒くなりシナシナになってしまうことがあるので、そのまま密閉保存容器に入れて野菜室へ。葉野菜などは、密閉保存袋よりも容器のほうが形を保つことができ、傷みにくくなります。長期間保存したい場合は、バジルの葉を茎から外し、数枚ずつラップに包み、密閉保存容器に入れて冷凍室へ。

水に浸けて

料理の仕上げ時、ちょっと添えたいイタリアンパセリ、チャービル、ディルなどのグリーンたち。常温では鮮度が落ち、変色もしやすいので冷蔵保存が基本です。乾燥に弱いので、コップなどに水を入れ、生け花のように挿(さ)した状態で冷蔵保存をするか、キッチンバサミで茎の先を斜めに切り落として密閉保存容器に入れ、かぶる程度の水を入れて野菜室へ。水は2、3日に一度は変えましょう。

Chapter 4
ありもので絶品スパゲティ

フローリアのまかないの定番、スパゲティ。今ある食材を組み合わせ、いかにおいしく、誰もがよろこぶ味に仕上げるかを考えるのも勉強であり、楽しい時間です。ここでは、トマト系、オイル系、クリーム系のスパゲティを紹介。ぜひご家庭の味にアレンジしてみてください。

スパゲティのゆで方の基本

簡単そうに思えて、意外と奥深いのがスパゲティのゆで方。スパゲティのゆで加減が、仕上がりのおいしさを左右すると言っても過言ではありません。ここでは、スパゲティの選び方や塩の量、おいしく仕上げるゆで方をお伝えします。

スパゲティは2種類ある

スパゲティは、表面がザラザラして粉っぽさを感じる「ブロンズダイス製法」で作られたもの（ディ・チェコなど）と、表面がなめらかでつるつるしている「テフロンダイス製法」で作られたもの（バリラなど）の2種類があります。

ブロンズダイスのものは表面がザラザラしているので、ソースが絡みやすいのが特徴。ただ、麺がのびやすく、アルデンテにするのに少しコツがいります。一方、テフロンダイスのものは表面がつるつるしているので、ソースは絡みにくいものの、喉越しのいい仕上がりになります。

そのときのタイミングや気分で、好みのスパゲティを選んでみてください。

表面がザラザラしたブロンズダイス製法のもの（左）と、表面がつるつるしたテフロンダイス製法のもの（右）。

塩の量は思っているより多め

スパゲティをゆでるときは、塩を入れないとソースと絡めても麺自体に塩味がないため、間の抜けたようなぼやけた味に仕上がってしまいます。

スパゲティをゆでる際には、1 ～ 1.5%の塩分濃度になるように塩を入れましょう。塩分濃度の正解はありません。1%以下で作っている人もいるし、2%以上の高めの濃度で作っているシェフもいます。僕もそのときどきで変えることも。

ただ、目分量で塩を入れるのではなく、スケールではかってから入れるようにしてください。1%の塩分濃度だとしても、自分が思っているよりも思いのほか塩の量は多めです。

スパゲティのゆで方

1

鍋に湯を沸かし、沸騰したらスパゲティを入れる。湯の量は、100gの乾麺に対して1ℓで、塩は10～15gを目安に。

2

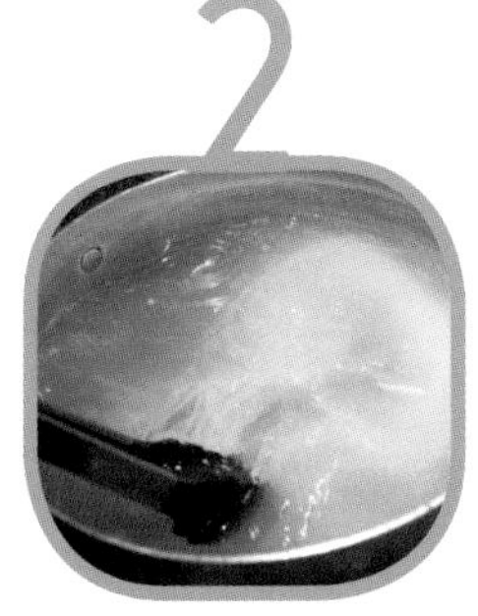

スパゲティを入れたら、沸騰させないように注意し、パスタがポコポコする程度の火加減でゆでる。

3

スパゲティをゆでている間にソースを作る。ソースはスパゲティのゆで汁でのばしたり、味を調えたりするので、同時に進める。

4

袋の表示の時間どおりにゆでる。アルデンテに仕上げたい場合は、少し手前で上げる。ゆで上がったらすぐにソースと絡める。

材料（1人分）

スパゲティ…100g
ツナ缶…30g
きのこ類（お好みで）…50g
（本書ではえのき、しめじを使用）
トマト缶（カット）…1／2缶
にんにく…2片
赤唐辛子…1本
塩・黒こしょう…各適量
オリーブオイル…20g
イタリアンパセリ…適宜

POINT

❶パスタをゆでるときは、塩をきちんと適量入れた湯でゆでてパスタに味をつけること。ゆでるときのポイントは74～75ページを参照。
❷にんにくをじっくりと加熱することで、存分に香りを引き出して。
❸ツナを加えるときに油がはねやすいので注意を。

2|3
4|5

ツナときのこはどちらも
うま味たっぷりの食材。
ツナ缶は常備しておけるし、
きのこも比較的日持ちするので、
ありもので簡単に作れるパスタのひとつ。

15分

ツナときのこのボスカイオーラ

作り方

1 0分
鍋に塩分濃度1～1.5%の湯を沸かし、スパゲティを袋の表示どおりにゆでる。

2 2分
フライパンにオリーブオイル、包丁の腹でつぶしたにんにく、赤唐辛子を入れて弱火にかけ、じっくりと香りを引き出す。

3 5分
ツナを加えてさらに香りが立ってきたら、きのこ類を加えてソテーする。

4 8分
きのこ類がしんなりしたら、トマトを加えて少し煮込む。汁気が足りなくなったら、スパゲティのゆで汁を足す。

5 12分
ゆで上がったスパゲティを4に加えて手早く混ぜ、塩で味を調えたら器に盛る。黒こしょうを振り、お好みでイタリアンパセリを添えたら完成。

なすとチーズの相性は間違いなし。
おかわり必至の、ガチでウマいパスタです。

POINT
❶工程3でバジルを加えることで、香りが一気に引き立つ。
❷なすの火入れは弱火でじっくりと。
❸モッツァレラチーズは完全に溶かさず、食感が残る程度に仕上げる。

20分

なすとモッツァレラのトマトスパゲティ

材料（1人分）

スパゲティ…100g
なす…1本
トマト缶（カット）…90g
バジルの葉…3枚
にんにく…1片
モッツァレラチーズ…40g
塩・こしょう…各適量
オリーブオイル…30g
イタリアンパセリ…適宜

作り方

1 (0分) 鍋に塩分濃度1～1.5%の湯を沸かし、スパゲティを袋の表示どおりにゆでる。

2 (2分) フライパンにオリーブオイル、みじん切りにしたにんにくを入れて火にかけ、じっくりと香りを引き出す。

3 (5分) 厚めにスライスしたなすを加え、油をしっかりと吸わせながらソテーし、バジルの葉を加えて香りを全体にまとわせる。

4 (12分) トマトを加えて煮込み、塩で味を調え、ちぎったモッツァレラチーズを加えてさらに煮込む。

5 (17分) ゆで上がったスパゲティを加えて手早く混ぜ合わせる。モッツァレラチーズが半分ほど溶けたら器に盛り、こしょうを振る。お好みでイタリアンパセリを添えたら完成。

18分

魚介のラグースパゲティ

魚介類が余ったら全部加えてラグーにします。スパゲティはもちろん、ショートパスタとも相性抜群！

材料（1人分）

スパゲティ…100g
白身魚の切り身…70g
イカ（胴体）…20g
ホタテ…2個
小エビ…4尾
トマト缶（カット）…90g
にんにく…1片
赤唐辛子…1本
白ワイン…40g
塩・こしょう…各適量
オリーブオイル…30g
イタリアンパセリ…適宜

作り方

1 （0分）鍋に塩分濃度1～1.5%の湯を沸かし、スパゲティを袋の表示どおりにゆでる。魚介類は粗く刻む。

2 （7分）フライパンにオリーブオイル、みじん切りにしたにんにく、赤唐辛子を入れて熱し、じっくりと香りを引き出す。

3 （10分）魚介類を加えてソテーし、白ワインを加えてアルコール分を飛ばしたら、トマトを加えて煮込む。

4 （15分）ゆで上がったスパゲティを加えて手早く混ぜ、塩、こしょうで味を調える。器に盛り、お好みでみじん切りにしたイタリアンパセリを散らす。

POINT
❶白身魚は鯛やタラなど何でも。淡泊な身にソースを染み込ませて。
❷器に残ったパスタソースは、バゲットなどにつけて食べると二度おいしい。

オイルソース系

材料(1人分)

スパゲティ…100g
有頭エビ…3尾
にんにく…1片
赤唐辛子…1本
塩・こしょう…各適量
オリーブオイル…30g
イタリアンパセリ…適宜

POINT

❶焦がさないように弱火でエビの殻を炒め、香りを引き出す。
❷エビの身は火が入りすぎないようにサッとソテーを。
❸エビは殻つきがおすすめ！ ソテーした殻に塩、こしょうを振れば、おつまみにも。

18分

ガーリックシュリンプスパゲティ

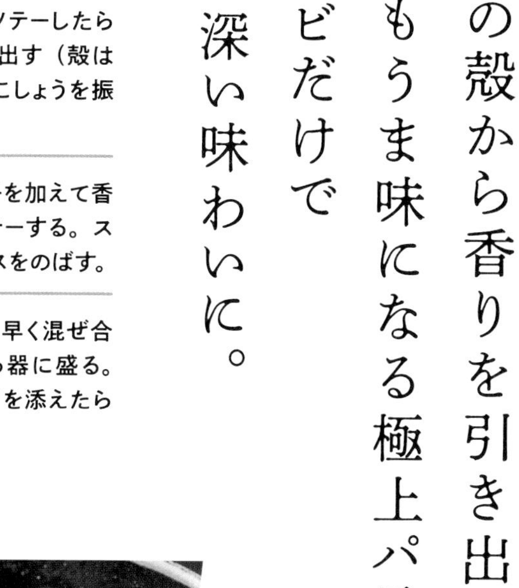

有頭エビの殻から香りを引き出して、エビみそもうま味になる極上パスタ。食材はエビだけで驚くほど深い味わいに。

作り方

1 0分
鍋に塩分濃度1～1.5%の湯を沸かし、スパゲティを袋の表示どおりにゆでる。エビは背わたを取り除き、殻をむく。にんにくはみじん切りにする。

2 5分
フライパンにオリーブオイル、エビの頭と殻を入れて熱し、パリッとするまで弱火でソテーしたら(油がはねやすいので注意)、取り出す(殻はキッチンペーパーで油を切り、塩、こしょうを振ればおつまみに)。

3 10分
2のフライパンににんにくと赤唐辛子を加えて香りを引き出し、エビの身も加えてソテーする。スパゲティのゆで汁適量を加えてソースをのばす。

4 15分
ゆで上がったスパゲティを加えて手早く混ぜ合わせ、塩、こしょうで味を調えたら器に盛る。お好みでエビの頭とイタリアンパセリを添えたら完成。

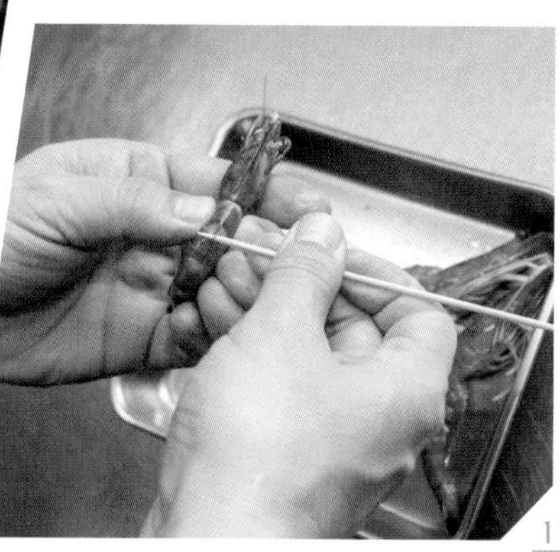

1|2
3|4

POINT

❶鯖缶はみそ煮でも水煮でもどちらでもおいしく仕上がる。ストックしてある鯖缶を使って。

❷玉ねぎがなかったら長ねぎでもOK。ほんのり辛味をプラスして、食欲をそそる一品に。

鯖缶とにんにくさえあれば、
小腹がすいたときにすぐに作れるお手軽パスタ。
鯖のうま味がたっぷりで、やみつきになりそう。

18分

鯖缶のガーリックスパゲティ

材料（1人分）

スパゲティ…100g
鯖缶…1／2缶
玉ねぎ…1／4個
にんにく…1片
赤唐辛子…1本
塩・こしょう…各適量
オリーブオイル…30g
イタリアンパセリ…適宜

作り方

1 0分
鍋に塩分濃度1～1.5%の湯を沸かし、スパゲティを袋の表示どおりにゆでる。玉ねぎは薄切りにし、にんにくはみじん切りにする。

2 5分
フライパンにオリーブオイル、にんにく、赤唐辛子を入れて熱し、香りを引き出す。

3 8分
玉ねぎを加え、しんなりするまで弱火でソテーしたら、鯖を汁ごと加える。汁気を飛ばしながら全体を混ぜ合わせる（チリチリになるようなら、スパゲティのゆで汁を加える）。

4 15分
ゆで上がったスパゲティを加えて手早く混ぜ合わせ、味を見ながら塩、こしょうで味を調える。器に盛り、お好みでみじん切りにしたイタリアンパセリを散らす。

POINT

❶あさりは火が入りすぎると縮むため、加熱したあと一度取り出しておくこと。
❷セミドライトマトのオイル漬けはストックしておくと便利。作り方は44ページを参照。
❸砂抜き済みのあさりを使えば簡単に。

ボンゴレ・ビアンコとボンゴレ・ロッソの真ん中の味わい。
ひと手間かけて自家製セミドライトマトで作ると格別。

1|2
3|4

18分

あさりとミニトマトのボンゴレ・マキアート

作り方

1（0分）
鍋に塩分濃度1～1.5%の湯を沸かし、スパゲティを袋の表示どおりにゆでる。フライパンにオリーブオイル、みじん切りにしたにんにく、赤唐辛子を入れて火にかけ、香りを引き出す。

2（5分）
あさりと白ワインを加え、ひと煮立ちさせてアルコール分を飛ばしたら、スパゲティのゆで汁少々を加えてふたをする。

3（10分）
あさりの殻が開いてきたら一度取り出し、セミドライトマトを加えて煮詰める。

4（15分）
スパゲティのゆで汁少々とあさり、ゆで上がったスパゲティを加えて混ぜ合わせ、塩で味を調えたら器に盛る。お好みでみじん切りにしたイタリアンパセリを散らしたら完成。

材料(1人分)

スパゲティ…100g
あさり(砂抜き済み)…15個
セミドライトマトのオイル漬け
(P.44参照)…4個
にんにく…1片
赤唐辛子…1本
白ワイン…30g
塩…適量
オリーブオイル…30g
イタリアンパセリ…適宜

18分

レモンとキャベツのアーリオ・オーリオ

作り方

1 (0分) 鍋に塩分濃度1～ 1.5%の湯を沸かし、スパゲティを袋の表示どおりにゆでる。

2 (2分) フライパンにオリーブオイル、みじん切りにしたにんにく、赤唐辛子を入れて火にかけ、香りを引き出す。

3 (6分) アンチョビを加えて炒め、焦がさないように香りを引き出す。

4 (8分) 手でつぶしながらちぎったキャベツ、スパゲティのゆで汁少々を加えてさらに炒め合わせ、キャベツに火を通す。

5 (13分) ゆで上がったスパゲティを加えて手早く混ぜ合わせ、塩で味を調える。

6 (14分) 器に5を盛り、レモンを絞って果汁を回しかける。さらに、EXVオリーブオイルを回しかけ、すりおろしたレモンの皮少々を振り、お好みでイタリアンパセリを添えたら完成。

材料(1人分)

スパゲティ…100g
アンチョビ…2枚
キャベツ…1／8玉
レモン(国産／皮つき)…1／4個
にんにく…1片
赤唐辛子…1本
塩…適量
オリーブオイル…30g
EXVオリーブオイル…適量
イタリアンパセリ…適宜

3 4
5 6

国産レモンの皮を
すりおろして風味をプラス。
さわやかな香りが
口いっぱいに広がります。
レモンとにんにくの香りの
相性も抜群。

POINT

❶レモンの皮は黄色い部分だけをすりおろし、風味よく。白い部分をすりおろすと苦味が出てくるので注意。
❷キャベツは手でつぶすことで繊維を断つことができ、パスタソースの味がなじみやすくなる。
❸スパゲティをゆでる際についた塩味も、味つけのひとつと考えて。

POINT
❶明太子の粒をつぶすと生臭さが出てしまうので、扱うときは極力つぶさないように。
❷加熱しすぎるとボソボソの食感になるため、ソースは温める程度で。
❸昆布茶を使うことでうま味をプラス。

明太子を大事に扱うことで臭みを出さずに仕上げる、神保佳永(じんぼよしなが)シェフ直伝レシピ。

1|2
4|5

23分

明太子のクリームスパゲティ

材料(1人分)

スパゲティ…100g
明太子…1／4腹
レモン果汁…1／3個分
バター(無塩)…15g
昆布茶…適量
しょうゆ…5g
刻みのり…適宜

作り方

1 (0分) 明太子の薄皮を取り除き、室温に戻したバター、昆布茶と合わせる（バターをボウルにこすりつけるようにして、やさしく明太子と合わせる。明太子の粒をつぶさないように注意）。

2 (7分) しょうゆとレモン果汁を加えて混ぜ合わせ、冷蔵庫で10分休ませておく。

3 (10分) 鍋に塩分濃度1～1.5%の湯を沸かし、スパゲティを袋の表示より2分長めにゆでる。

4 (18分) フライパンに2のソースとスパゲティのゆで汁少々を入れて温め、ソースをのばす（明太子の粒をつぶさないように注意）。

5 (21分) ゆで上がったスパゲティを加えて混ぜ合わせたら器に盛り、お好みで刻みのりをトッピングしたら完成。

POINT

❶パスタソースにスモークサーモンの香りを移し、濃厚でリッチな仕上がりに。
❷生クリームは分離しないように、弱火でときどき揺すりながら煮詰め、まんべんなく加熱を。
❸バターの塩味やサーモンの塩味も味つけのひとつ。

市販のスモークサーモンで手軽に本格パスタを。イタリアでは魚介とチーズは合わせませんが、サーモンクリームスパゲティには合わせます。

15分

スモークサーモンのクリームスパゲティ

材料（1人分）

スパゲティ…100g
スモークサーモン…5枚
ブロッコリー…4房
生クリーム…70g
バター…10g
粉チーズ…10g
白ワイン…20g
塩・黒こしょう…各適量
イタリアンパセリ…適宜

作り方

1 （0分） 鍋に塩分濃度1～1.5%の湯を沸かし、スパゲティを袋の表示どおりにゆでる。ブロッコリーは下ゆでする。

2 （3分） フライパンにバターを温め、スモークサーモンをソテーする。

3 （5分） 白ワインを加えてアルコール分を飛ばしたら、ブロッコリーと生クリームを加えて弱火で軽く煮詰める。

4 （10分） ゆで上がったスパゲティを加えて混ぜ合わせ、塩で味を調える。盛りつける直前に粉チーズを振って混ぜ合わせる。

5 （13分） 器に4を盛って黒こしょうを振り、お好みでみじん切りにしたイタリアンパセリを散らしたら完成。

POINT

❶工程**2**できのこのうま味を閉じ込めたいなら強火、引き出したいなら弱火で加熱を。
❷カレー粉は感じるか感じないかの少量入れるのがポイント。カレーパスタにならないよう、隠し味程度に。
❸粉チーズはいただく直前にかけることで風味よく。

数種類のきのこを使って複雑なうま味を引き出します。
カレー粉をほんの少し加えることで生まれる、
ほのかに香るスパイシーさが決め手。

きのこのカレークリーム スパゲティ

作り方

1. **0分** 鍋に塩分濃度1～1.5%の湯を沸かし、スパゲティを袋の表示どおりにゆでる。パンチェッタは粗く刻む。
2. **3分** フライパンにオリーブオイルを弱火で熱し、ほぐしたきのこ類を香りを引き出しながらソテーする。
3. **7分** パンチェッタを加え、弱火でソテーしてじっくりとうま味を引き出す。
4. **10分** スパゲティのゆで汁20g、牛乳、生クリームを加えて弱火で軽く煮詰め、カレー粉と塩を振って混ぜ合わせる。
5. **15分** ゆで上がったスパゲティを加えて手早く混ぜ合わせ、盛りつける直前に粉チーズを振って合わせる。器に盛って黒こしょうを振り、お好みでみじん切りにしたイタリアンパセリを散らす。

材料（1人分）

スパゲティ…100g
パンチェッタ…20g
きのこ類（お好みで）…50g
（本書ではえのき、しめじを使用）
牛乳…40g
生クリーム…40g
粉チーズ…20g
カレー粉…少々
塩・黒こしょう…各適量
オリーブオイル…20g
イタリアンパセリ…適宜

くたくたにゆでたブロッコリーを、ソースに溶かし込んで一体感を出します。イタリアでは野菜を煮溶かすのはポピュラーな調理法。

POINT
❶ブロッコリーは指でつぶせる程度までしっかりゆでて、クリームソースに煮溶かして風味よく仕上げる。
❷アンチョビの塩味とスパゲティの塩味も味つけのひとつ。

18分

ブロッコリーのアンチョビクリームスパゲティ

作り方

1 (0分) 鍋に塩分濃度1～1.5%の湯を沸かし、スパゲティを袋の表示どおりにゆでる。ブロッコリーをスパゲティをゆでる鍋に一緒に入れて10分以上、くたくたになるまでゆでる。

2 (5分) フライパンにオリーブオイル、みじん切りにしたにんにくとアンチョビを入れて火にかけ、香りを引き出す。

3 (10分) 2にくたくたにゆでたブロッコリーを加え、トングなどでしっかりとつぶす。さらに、牛乳、生クリーム、塩を加え、温めながらブロッコリーを煮溶かす。

4 (15分) ゆで上がったスパゲティを加えて手早く混ぜ合わせ、盛りつける直前に粉チーズを加えて合わせる。器に盛り、黒こしょうを振り、お好みでみじん切りにしたイタリアンパセリを散らす。

材料(1人分)

スパゲティ…100g
アンチョビ…2枚
ブロッコリー…4房
にんにく…1片
牛乳…40g
生クリーム…40g
粉チーズ…20g
塩・黒こしょう…各適量
オリーブオイル…20g
イタリアンパセリ…適宜

Chapter 5
もう一品欲しいときの逸品

メイン料理のほかに、「あともう一品欲しい」というときに参考にしてほしい副菜を紹介。冷蔵庫にありがちな野菜を使って、極上のもうひと品を。Chapter3のワンプレートの付け合わせとして添えたり、お酒のおつまみでパパッと作ったり。どれも有能なレシピたちです。

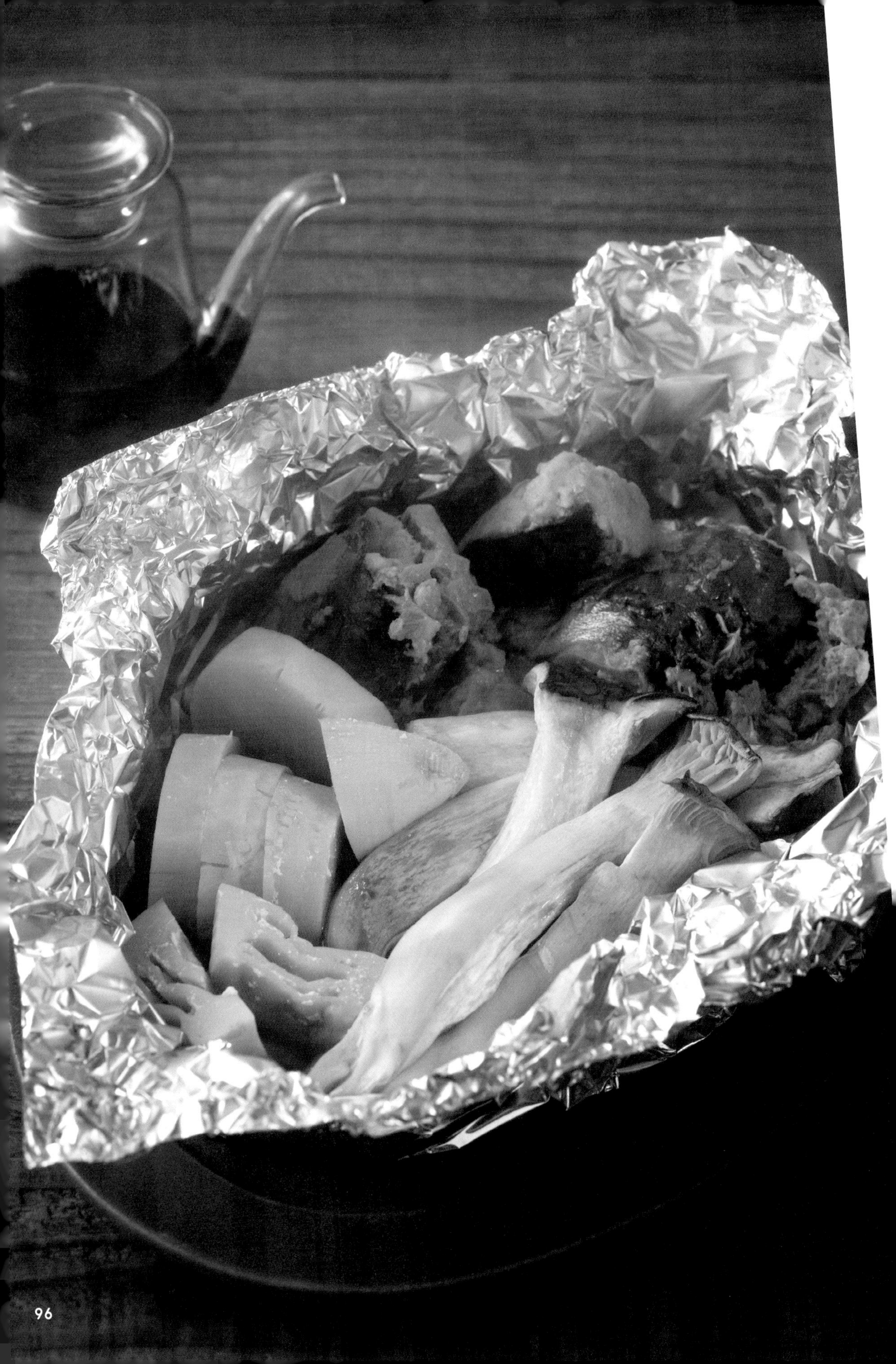

鯖缶はみそ煮でも水煮でもお好みで。
みそなら濃厚な味わいに、
水煮ならさっぱりと。
エリンギは手で割くことで、
香りが立つように。

20分

鯖缶とエリンギのホイル焼き

作り方

1 （0分）耐熱容器にアルミホイルを敷き、鯖を汁ごと入れる。

2 （2分）エリンギは手で割いて食べやすい大きさにし、たけのこはひと口大に切り、1に加える。

3 （7分）しょうゆとオリーブオイルを回しかけ、アルミホイルを閉じて密閉し、トースターで10分焼く。

4 （18分）焼き上がったら、お好みでこしょうを振って完成。

材料（2人分）

鯖缶…1缶
エリンギ…2本
たけのこ（水煮）…30g
しょうゆ…5g
オリーブオイル…5g
こしょう…適宜

POINT

❶エリンギは手で割くことで香りを引き立たせることができる。包丁で切るよりも芳醇な仕上がりに。
❷たけのこは生のものでもいいが、アク取りなどが面倒なので水煮を使用。
❸エリンギはほかのきのこで代用可能。しめじやしいたけでもおいしくできあがる。

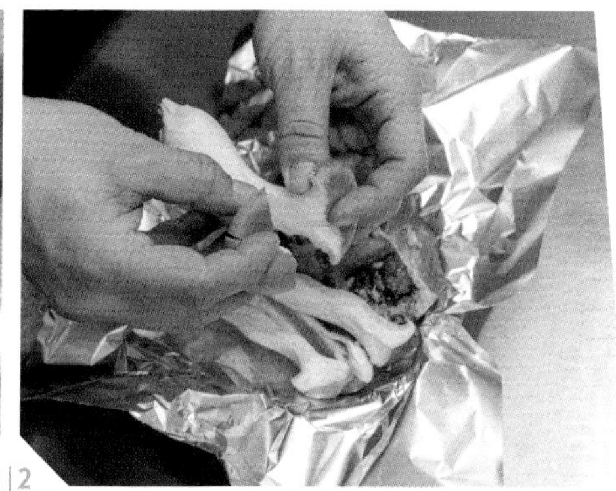

POINT

❶長いもを中までしっかり焼くことで粘りが抑えられ、もっちり感が生まれる。
❷バルサミコ酢を加熱し、酸味の角を取ることでまろやかな味わいに。

長いもをフライパンで焼くことでもっちり食感に。
バルサミコ酢のうま味と香りをまとわせて
ちょっとリッチなおつまみに。

15分

焼き長いもの バルサミコ風味

作り方

1 (0分) 長いもとズッキーニは1cm幅の輪切りにする。

2 (3分) フライパンにオリーブオイルを中火で熱し、長いもとズッキーニの両面を焼き色がつくまでソテーする。焼き色がつき、中まで火が通ったら、フライパンの余分な油をキッチンペーパーで拭き取る。

3 (8分) 白ワイン、バルサミコ酢の順に加えて酸味を飛ばしながら絡めたら、塩を振る。

4 (12分) 器に3を盛り、こしょうを振る。お好みでイタリアンパセリを添えたら完成。

材料（2人分）

長いも…100g
ズッキーニ…1／3本
白ワイン…10g
バルサミコ酢…15g
塩・こしょう…各適量
オリーブオイル…適量
イタリアンパセリ…適宜

POINT

❶この組み合わせに限らず、意外に合う食材を見つけてみるのも楽しい。
❷生ハムをスモークサーモンに代えても美味。

イタリアンの厨房(ちゅうぼう)ではよく見かける食材を生ハムでくるくると巻いたら、見た目も華やかな逸品に。家庭でも冷蔵庫にある食材を組み合わせて。

1

3

3

りんごとカマンベールの生ハム巻き

作り方

1 (0分) りんご、アボカド、ミニトマト、カマンベールチーズを同じサイズにカットする。

2 (5分) 生ハムを3等分に細長く切る。

3 (7分) 生ハムの上にりんご、アボカド、カマンベールチーズ、ミニトマトの順にのせて巻く。

4 (12分) 器に3を盛り、オリーブオイルを回しかける。黒こしょうを振り、お好みでみじん切りにしたイタリアンパセリを散らす。

材料(2人分)

生ハム…2枚
りんご…1／4個
アボカド…1／4個
ミニトマト…2個
カマンベールチーズ…1／2個
黒こしょう…適量
オリーブオイル…適量
イタリアンパセリ…適宜

一度作れば数日間は小出しに食べられて便利。
おつまみにも、おかずの一品にもなる有能な保存食。

POINT
❶多めに作って密閉保存容器に入れておけば、3〜4日は保存可能。
❷白ワインビネガーの代わりにレモン果汁を絞ってもおいしく仕上がる。
❸白ワインビネガーの酸味の角を取ったら、きのこにしっかりとなじませて。

15分
寝かせる時間を除く

3種のきのこのオイルマリネ

材料（2人分）

きのこ類（お好みで）…150g
（本書ではマッシュルーム、まいたけ、エリンギを使用）
レモン（国産）…1／4個
ローズマリー…1／2枝
白ワインビネガー…30g
塩・こしょう…各適量
オリーブオイル…60g

作り方

1 （0分） きのこ類をひと口大に切る。

2 （5分） フライパンにオリーブオイル 20g を強火で熱し、きのこ類をサッとソテーする。

3 （8分） みじん切りにしたローズマリー、白ワインビネガーを加えて炒め合わせ、酸味を飛ばす。

4 （10分） 塩、こしょうを振ってから密閉保存容器に入れ、レモンをのせる。オリーブオイル 40g を回しかけ、ひと晩寝かせたら完成。

アーリオ・オーリオは、どんな食材にもサッと合わせれば一品になる、万能ソース。

15分

カリフラワーのアーリオ・オーリオ

材料(2人分)

カリフラワー…1／2株
にんにく…1片
赤唐辛子(輪切り)…1本分
塩・こしょう…各適量
水…20g
オリーブオイル…20g

作り方

1 (0分) カリフラワーはひと口大に切り、にんにくはみじん切りにする。

2 (5分) フライパンにオリーブオイル、にんにく、赤唐辛子を入れて弱火にかけ、香りを引き出す。

3 (8分) カリフラワーを加えてサッとソテーし、水を加えて加熱する。汁気を飛ばしながらカリフラワーに火を通す。

4 (13分) 塩、こしょうで味を調え、器に盛ったら完成。

POINT
❶工程**2**では、にんにくを焦がさないようにしながら、しっかりと香りを引き出すのがコツ。
❷工程**3**で水を加えることで、カリフラワーの中までしっかりと火を通す。

Column. 4／手淹れのエスプレッソ

何年も前から欲しかった、ミラノの老舗「ラ・パボーニ」のエスプレッソマシンをついに手に入れました。いちばんの特徴は、自分の力で一杯ずつ抽出する手動式であること。手間も時間もかかるのですが、それもまた醍醐味なのです。

僕は朝から夜遅くまでお店で仕事をしていることが多いので、オンとオフをあえてつけるように意識しています。お店に出勤したら、シェフコートに身を包み、気持ちを整えます。

朝、欠かせないルーティンが、コーヒーを淹れること。ラ・パボーニの手動式のエスプレッソマシンを購入して以降、毎日の日課になりました。ボタンひとつで加圧されるマシンに比べて、手動式はとても難しい。お客さんに出す前に「味」を確認する意味合いも含めて、毎朝コーヒーを淹れ、飲む時間を設けています。お店の一角につくったこだわりのガレージでいただく一杯のコーヒータイムがまた格別。

こだわりのコーヒー豆をグラインダーで好みの粒度に挽き、抽出具合を見ながら、微妙なレバー操作で自分流のコーヒーを淹れることができるのが、このマシン。味を邪魔する金属臭もまったくないので、エスプレッソ本来の味わいが楽しめます。

また、このボディの重厚感やそのフォルムが、とにかく格好よくて好み。レバーグリップやつまみ部分も天然木なので、使うほどに味わいも増していくことでしょう。ぜひ、お店にお立ち寄りの際は、この一杯を味わってみてください。

◇◇◇◇◇◇◇◇◇◇◇◇◇◇◇◇◇◇ 付録 ◇◇◇◇◇◇◇◇◇◇◇◇◇◇◇◇◇◇

余裕があれば
デザートで至福の時間を

甘いものが欲しい――。そんなときにぜひ作ってほしい2品をご紹介します。どちらも、浸け置き時間や冷やす時間などの時間がかかるので、前日に作業することをおすすめします。少し手間暇かけることで、見た目も華やかな極上スイーツのできあがり。

材料（2人分）

バゲット…1／2本
卵…2個
牛乳…100g
バター…20g
マスカルポーネチーズ
…100g
グラニュー糖…40g
ココア…適量

A
インスタントコーヒー
…大さじ2
グラニュー糖…40g
熱湯…25g
水…小さじ1

POINT
❶バゲットに卵液を染み込ませる時間が長ければ長いほどおいしく仕上がる。ひと晩は浸け込んで。
❷バゲットを焼くとき、焦げやすいのでときどき焼き面を見ながら加減を。
❸工程**3**までを前日に仕込んで。

マスカルポーネチーズがコクを引き出す
贅沢なフレンチトースト。
カラメルとコーヒーの苦味がよく合います。

35分
浸け置き時間を除く

大人の風味ティラミスパン

作り方

1 (0分) ボウルに卵とグラニュー糖を入れ、溶けるまでよく混ぜ合わせる。

2 (3分) マスカルポーネチーズを加えてなじむまで混ぜ、さらに牛乳を加えて混ぜ合わせる。

3 (7分) 密閉保存袋に2の卵液を入れ、5cm幅に切ったバゲットを加えて浸す。空気を抜くようにして密閉し、ひと晩置く。

4 (10分) Aでソースを作る。鍋に水とグラニュー糖を入れて中火にかけ、キャラメル色になったら熱湯で溶いたインスタントコーヒーを加えて混ぜる。火を止め、とろみがつくまで冷ます。

5 (20分) フライパンにバターを弱火で温め、3のバゲットの両面をほんのり焼き色がつくまでじっくりと焼く。

6 (30分) 器に5を盛り、4のソースを添えてココアを振ったら完成。

2|3
4|5

材料（4人分）

エスプレッソ…30g
生クリーム…125g
板ゼラチン…3g
グラニュー糖…20g

A	卵白…10g 生クリーム…50g グラニュー糖…5g

POINT

❶エスプレッソは濃いめに入れたコーヒーでOK。
❷6～7分立ての生クリームは、泡立て器ですくうとトロトロと流れ落ち、跡がすぐ消える程度のやわらかさが目安。
❸工程**4**までは前日に仕込んでも。

カプチーノに見立てて二層仕立てに。ほのかに苦味のあるやわらかムースとふんわりとろけるメレンゲクリームは、生クリームの泡立ての加減がポイント。

ふわとろ カプチーノムース

65分

下準備の時間、冷やす時間を除く

作り方

0 下準備
板ゼラチンを冷水（分量外）で戻しておく。

1 0分
鍋にエスプレッソとグラニュー糖を入れて火にかけ、ゼラチンを加えて溶かす。

2 5分
1を濾(こ)してボウルに入れ、氷水を当てて粗熱を取る。

3 15分
別のボウルに生クリームを入れて6～7分立てに泡立てたら、2に少しずつ加えて混ぜ合わせる。

4 30分
器の8分目まで3を流し入れ、冷蔵庫で2～3時間冷やす。

5 35分
Aでメレンゲクリームを作る。ボウルに卵白を入れて泡立て、全体が白っぽくなったらグラニュー糖1gを加えてさらに泡立てる。

6 45分
細かい泡になったらグラニュー糖2gを加えて泡立てる。しっかりと混ざったら残りのグラニュー糖2gを加え、角が立つまで泡立てる。

7 55分
別のボウルに生クリームを入れて6～7分立てに泡立て、6に加えて混ぜ合わせる。4の冷やして固まったムースの上にのせたら完成。

本書を最後までご覧いただき、誠にありがとうございました。「はじめに」でも少し触れましたが、レシピ本のいいところは「終わりがない」部分だと思います。一度目を通し、気になる料理を作って食べて、「自分ならもっとこうする」という部分が出てきたら、レシピ本にメモ書きをしてまた作る。何度作っても、「ここを変えたらもっとおいしくなる」部分が出てくると思います。ぜひ、何度も作ってどんどんアレンジしてください。繰り返し作ることで、どんどん自分好みの味になり、楽しくなってくるはずです。そこまできたらもうそのレシピはあなたのレシピです。

僕はYouTubeやお店でも、「料理は先人の知恵」という言葉をよく使うのですが、今僕らがおいしい料理を作って楽しめるのは、昔の人たちがいろいろ考えて試したアイデアがあるからこそだと思っています。

そして、その知恵のうえで、さらにおいしくするにはどうすればいいのかを、現代の料理人は考えています。料理は誰かだけのものではなく、誰もが楽しめるものなので、おいしい料理を作れたら、家族や友人にぜひ教えてあげてください。教えた料理がさらにおいしくなって、返ってくることもたくさんあります。

僕はYouTubeや料理教室などを通して、自分のレシピをどんどん公開していますが、たびたび「お店のレシピを公開しちゃって大丈夫ですか?」と聞かれます。

これは、先ほど書いたように「さらにおいしくなって返ってくる」ということもありますが、いちばんの理由は、「分量が同じでも同じ味にはならない」からです。それは、非科学的な理由ではなく、「火加減」や「水加減」そして「タイミング」など、レシピには書き表せない部分が少なからず存在するからです。この部分もぜひ皆さんにお楽しみいただきたいと考えています。

僕が書いたレシピを見て作ってくださる方の数だけ新しい「味」が完成します。答えのない料理の世界をこれからも一緒に楽しんでまいりましょう。

2021年4月吉日

Chef Ropia 小林諭史

おわりに

小林諭史（こばやし・あきふみ）

1980年生まれ。長野県長野市にあるイタリアンレストラン『リストランテ フローリア』のオーナーシェフ。仕事の傍ら、イタリア料理のおいしさ、楽しさを伝えるべく、プロの技を惜しみなく公開するYouTubeチャンネル『Chef Ropia料理人の世界』を運営している。チャンネル登録者数は49万人超。著書に『Chef Ropia極上のおうちイタリアン』（ワニブックス）、『めんどうな日でも作りたくなる極上パスタ』（KADOKAWA）がある。

YouTube：Chef Ropia
Twitter：@ropia515
Instagram：@chef_ropia

Chef Ropiaのまかない帖
身近な食材でサッと作れて最高にウマい プロがうなるプロの味

2021年6月5日 第1刷発行

著者　小林諭史

発行者　佐藤靖
発行所　大和書房
東京都文京区関口1-33-4
電話03(3203) 4511

ブックデザイン　宮下ヨシヲ(SIPHON GRAPHICA)
撮影　平松マキ
スタイリング　塚田結子(編集室いとぐち)
編集協力　山口美緒(編集室いとぐち)
編集　滝澤和恵(大和書房)

印刷　歩プロセス
製本　ナショナル製本

ISBN978-4-479-92147-9

http://www.daiwashobo.co.jp/